元宇宙应用

商业赋能与行业升级

张竣程 李艾思 张淼◎主编

中国商业出版社

图书在版编目（CIP）数据

元宇宙应用：商业赋能与行业升级 / 张竣程，李艾思，张淼主编 . -- 北京：中国商业出版社，2023.2
ISBN 978-7-5208-2301-2

Ⅰ. ①元… Ⅱ. ①张… ②李… ③张… Ⅲ. ①信息经济—研究 Ⅳ . ① F49

中国版本图书馆 CIP 数据核字（2022）第 210701 号

责任编辑：杨善红

中国商业出版社出版发行
（www.zgsycb.com 100053 北京广安门内报国寺 1 号）
总编室：010-63180647 编辑室：010-83118925
发行部：010-83120835/8286
新华书店经销
三河市龙大印装有限公司印刷
*
710 毫米 ×1000 毫米 16 开 13 印张 170 千字
2023 年 2 月第 1 版 2023 年 2 月第 1 次印刷
定价：55.00 元
* * * *
（如有印装质量问题可更换）

主　编　张竣程　李艾思　张　淼

编　委　秦　朗　李其哲　李德胜　齐　晶　姚　欣
周　杰　张　伟　范　苗　拜　伦　王　璇
余子琪　赵潇骕　张　娣　杜纯子　王梓霖

前　言

当前，作为资本市场中冉冉升起的新星，元宇宙受到了科技圈、互联网的广泛关注。与曾经兴起的大数据、自媒体等新兴事物不同，元宇宙将集合XR、区块链、人工智能等多种先进技术，深刻变革各行业的发展和人们的生活。

基于元宇宙的发展潜力，众多企业将元宇宙写入了未来发展规划中。2021年3月，知名游戏公司Roblox顶着“元宇宙第一股”的标签成功上市；8月，字节跳动收购了VR公司Pico，布局元宇宙硬件；10月，社交巨头Facebook宣布正式更名为Meta，全面发力元宇宙赛道；2022年8月，百度旗下元宇宙产品“希壤”发布“元宇宙会展解决方案”，为在元宇宙中举办会展提供入场券。这些都表示了各企业对于元宇宙的看好。

企业对于元宇宙的看好与元宇宙展示出来的应用潜力密切相关。当前，元宇宙已经在诸多领域实现了应用，同时，随着元宇宙产业的发展，其将与更多行业深度融合，以新模式、新业态推动相关行业的升级。

那么，在元宇宙发展大势之下，企业应如何入局？本书就聚焦元宇宙应用，讲解元宇宙落地为各行业带来的商业赋能以及元宇宙落地过程中不同领域存在的机会。首先，本书讲解了元宇宙的理念、关键技术、产业生态链，以综合描述元宇宙的发展现状。在市场追捧、技术支持、产业链生态逐渐完善等多方面的推动下，元宇宙将持续发展并于多领域落地。

其次，本书从经济、文娱、文旅、社交、营销、教育、城市服务等多方面切入，详细解析元宇宙在不同领域的应用现状。除了讲解相关理论、分享企业实践案例外，本书还指出了企业在不同领域的可行实践路径，具有一定的指导意义。

最后，本书综合分析了元宇宙的发展前景。虽然当前元宇宙的发展过程中还存在数据安全、虚实连接、用户治理等挑战，但随着技术的发展，这些挑战都将逐渐被攻克。元宇宙也将在不断发展中实现在更广范围内的落地，最终形成虚拟与现实融合的新世界。

本书将理论与实践案例相结合，内容丰富，同时具有一定的指导性。无论是互联网行业的企业家、管理者，还是元宇宙领域的创业者，都可以通过本书了解元宇宙，探索元宇宙发展过程中的种种商机。

编　者

2022 年 9 月

目 录

CONTENTS

第 1 章

元宇宙：指引互联网发展进入快车道

2022 年，世界 5G 大会首次设立了元宇宙论坛，分享当前元宇宙的成功与应用。同时，2022 年人工智能大会也设立了“区块链 + 元宇宙新生态论坛”，讨论区块链与元宇宙的融合应用。当前，元宇宙与新兴技术的融合不断加深，互联网的发展也正是得益于此。当前的移动互联网还远未达到万物互联的境地，而元宇宙将推动当前的移动互联网进一步升级，实现虚拟世界与现实世界的相互交融。当前所有的互联网应用都将进行立体化升级，也将产生新的互联网应用。总之，在元宇宙的赋能下，Web3.0 将进入发展的快车道。

1.1 初识元宇宙

互联网行业对于元宇宙的讨论日益激烈，但很多人对于元宇宙的准确概念并不十分了解。追根溯源，元宇宙源于 20 世纪 90 年代的一本科幻小说，又于 2021 年走进资本圈，引起巨大反响。在了解元宇宙概念的同时，对其架构进行拆解，更有助于人们了解元宇宙所形成的完整生态。

1.1.1 概念解析：走进资本圈的科技幻想

在当前的互联网行业中，元宇宙无疑是一个饱受关注的热词，但却不是一个新兴概念，早在20世纪90年代，美国科幻作家尼尔·斯蒂芬森就在其科幻小说《雪崩》中讲述了一个名为Metaverse的虚拟世界。在这个由电脑绘制出的虚拟世界中，人们可以通过虚拟化身在其中自由生活，如可以进行自由创作、探索广袤的未知领域等。

在《雪崩》受到关注后，元宇宙作为一个与现实世界平行的虚拟世界逐渐被科幻创作者们所熟知并接受，并据此创作出了一批科幻作品。《创世纪》《头号玩家》等电影都从不同的出发点对元宇宙进行了描绘。

以《头号玩家》为例，其描绘了一个名为"绿洲"的虚拟世界。在自由度方面，其已经十分接近《雪崩》中对虚拟世界的描绘。借助沉浸式智能设备，人们可以在"绿洲"中自由探索，自由创作，获得更多现实世界中不存在的奇幻体验。

同时，"绿洲"里还存在完善的经济系统。人们可以在其中进行新的工作，并通过自己的劳动获得报酬。除了在"绿洲"中消耗这些虚拟货币外，人们还可以将其兑换为现实世界中的货币。经济体系的搭建使得这个虚拟世界更显真实。

在诸多科幻作品对元宇宙进行了描绘之后，2021年3月，沙盒游戏平台Roblox将这一概念写进了招股书并成功上市，在资本市场产生了巨大反响。挂牌交易前，Roblox股票发行价为每股45美元，而到上市首日收盘时，其股价上涨至每股69.5美元，总市值突破400亿美元。而在接下来几个月中，Roblox股价持续上涨，巅峰时期其市值一度接近800亿美元。

Roblox打开了元宇宙的想象空间，自此，元宇宙概念火爆全球，引起了更多企业的关注。2021年8月，字节跳动斥90亿元巨资收购VR（Virtual Reality，虚拟现实）公司Pico；2021年10月，社交巨头Facebook宣布更名为Meta，全力布局元宇宙。此外，微软、腾讯等互联网巨头也动作不断，积极备战元宇宙。

为什么元宇宙在走进投资圈后会获得广泛关注？除了各种影视作品为元宇宙进入投资圈提供了契机外，当前人工智能、区块链、5G 等推动元宇宙发展的一系列关键技术已经逐渐成熟，为元宇宙的搭建提供了必要的技术基础。在技术支持下，存在于科幻作品中的元宇宙有了更多落地应用的可能，也将产生新的商业机遇。

同时，元宇宙出现在资本市场之时，新冠肺炎疫情的暴发已经在一定程度上改变了人们的生活方式，推动了网上购物、远程办公、线上教育等的进一步普及。此外，企业数字化转型的脚步也进一步加快。毕马威面向企业 CEO 的一项调查显示，80% 的受访者表示疫情加速了企业的数字化转型，其中的 30% 表示，企业数字化转型的进度已经远超之前预期。

由此可见，元宇宙的爆发并不是一个偶然事件。在其进入资本圈之前，社会大环境已经为其提供了肥沃的土壤。

此外，从概念上来说，在进入资本圈之后，元宇宙的概念也发生了改变。在《雪崩》中，元宇宙指代的是一个平行于现实世界，支持人们自由体验与创造的虚拟世界。而在进入资本圈后，元宇宙展现出了巨大的潜力，其被看作一种整合了人工智能、虚拟现实、区块链等多种技术的虚实相融的互联网应用，将深刻改变人们的生产与生活。

1.1.2　架构解析：从落地场景到底层架构

理想状态下，元宇宙将形成一个虚拟与现实结合、支持人们在其中进行各种体验甚至生活的超级数字生态。因此，要想充分了解元宇宙是什么，就需要对其整体架构进行拆分，了解元宇宙整个生态的构成。具体而言，元宇宙由 7 个基本层构成，如表 1-1 所示。

表 1-1　元宇宙 7 层基本要素

体验层	包括游戏、社交、购物等多种体验
发现层	包括广告网络、内容分发、应用商店等发现方式
创作者经济层	包括多样的内容创作工具、交易市场等
空间计算层	包括 3D 引擎、地理空间映射技术等
去中心化层	包括区块链、边缘计算等技术
人机界面层	包括移动设备、可穿戴设备等交互设备
基础设施层	包括 5G、6G 等网络基础设施

1. 体验层

体验层涉及人们在元宇宙中获得的各种沉浸式体验，如沉浸式观影、沉浸式游戏、沉浸式社交等，将带给人们全新的虚拟体验。例如，当人们在现实世界中看电影时，选择的座次直接影响人们的观看体验。而在元宇宙中，观影的场景将得到突破，所有观影的用户都可以获得良好的前排观影体验。随着元宇宙的发展，其提供的沉浸式、实时交互的体验将逐渐改变人们的各种活动，包括娱乐、社交、电子商务等。

2. 发现层

发现层聚焦于将人们吸引到元宇宙的方式，描绘了用户怎样通过应用商店、搜索引擎、宣传广告等发现新的元宇宙平台、获得新的元宇宙体验等。其是元宇宙扩展连接通道、实现用户随时随地进入的关键环节。

3. 创作者经济层

创作者经济层指的是用户可以在元宇宙中通过各种开放的创作工具实现虚拟内容的制作、沉浸体验的打造、虚拟资产的积累等。当前，在 Roblox、The Sandbox 等平台中，用户通过创作积累虚拟资产已经变得十分常见。随着时间的推移，越来越多的平台将开放创作功能，完善经济体系，推动创作者经济的发展。

4. 空间计算层

空间计算层提供各种连接虚拟与现实的工具，包括数字孪生、3D 引擎等虚拟空间搭建技术以及地理空间映射、语音和动作识别等智能识别技术。基于此，空间计算能够实现现实世界的虚拟化展现，同时能够使用户控制和探索虚拟地点。

5. 去中心化层

中心化管理系统往往存在传输效率低、安全风险大等缺陷。而对于承载海量数据的元宇宙而言，其将搭建起一个去中心化的开放世界。元宇宙中没有中心化的机构，而是基于去中心化层提供的去中心化自治组织进行管理，从而避免中心化系统的管理缺陷。区块链是去中心化层的核心支持技术，能够在很大程度上保证元宇宙中的隐私和数据安全。当前，一些基于区块链的去中心化应用程序已经出现并得以应用，搭建起了安全性更高的去中心化系统。

6. 人机界面层

人机界面层聚焦着支持用户通过人机交互探索元宇宙的技术，包括 VR、AR（Augmented Reality，增强现实）、动作捕捉、触觉传感等技术。除了以上技术外，一些企业也在探索其他更先进的人机交互技术，如重力传感、嗅觉传感以及脑机接口等技术。

7. 基础设施层

基础设施层包括支持元宇宙实现的其他基础技术。例如，元宇宙的实现需要高传输速度、低时延、大宽带的网络作为支撑，以实现更多设备的接入，保证数据传输、转化的高效性等。再如，为了实现设备的长久运行，更先进的微机电系统、更耐用的电池等也是十分必要的。

1.2　五大特点：详细拆解元宇宙

作为平行于现实世界的虚拟世界，元宇宙具有哪些特点？其特点体现在可以为人们提供个性化的虚拟化身和数字孪生场景、沉浸式交互体验，支持人们在其中进行创造、拥有与现实连接的经济系统、实现虚实融合等方面。

1.2.1 提供“个性化虚拟化身 + 数字孪生场景”

在基础功能方面，元宇宙可以为用户提供个性化的虚拟化身和超写实的数字孪生场景，升级用户的元宇宙体验。

当前，很多社交、游戏平台都会为用户提供一个虚拟化身，并在一定程度上实现了个性化定制。例如，在游戏《摩尔庄园》中，用户可以获得一个摩尔角色的虚拟化身，并可以自由选择虚拟化身的肤色、发型、装扮等，以此进行活动，如图 1–1 所示。

图 1–1 《摩尔庄园》中的虚拟化身与各种装扮

但这样相对刻板的虚拟化身依旧难以实现用户千人千面的需求。而在元宇宙中，虚拟化身的个性化程度将大大提升，用户可以自由创建各种可以想象得到的虚拟化身，如自己的数字孪生化身、机器人、飞鸟等。

同时，在虚拟场景方面，当前的一些大型开放世界游戏已经能够搭建起广阔的地图，并在其中建起了拟真的街道、建筑、丛林等，尝试带给用户一种拟真体验。但这些游戏中的虚拟场景都是有限的，用户也难以更改其中的场景或创造新场景。而在元宇宙中，与现实世界别无二致的数字孪生场景将会实现，同时用户还可以自由开辟新场景。

当前，已经有一些应用在虚拟化身与虚拟场景等方面做出了尝试。以虚拟现实平台 VRChat 为例，在借助 VR 设备登录 VRChat 后，用户可以根据个人喜好定制自己的虚拟化身。除了下载平台中丰富的虚拟化身外，用户还可以借助 3D 形象创作工具自行定义虚拟化身，获得更加独特的虚拟形象。当前，VRChat 已经与 3D 虚拟化身平台 Ready Player Me 达成合作，为用户提供简捷易用的虚拟化身打造工具。

在虚拟场景制作方面，VRChat 同样对用户开放了权限。在 VRChat 中，除了进入当前已有的场景外，用户还可以自由开辟其他新场景，并邀请其他用户进入。在场景效果方面，VRChat 中可以打造出电影院、酒吧、舞台等多样的场景，给予用户一定程度上的临场感，但在拟真度方面还有待提升。

总之，在个性化虚拟化身以及场景自由创作方面，VRChat 都做出了积极的尝试，也因为丰富的体验获得了广大用户的喜爱。未来，伴随着元宇宙的发展，更多先进的应用将会产生，更加个性化的虚拟化身和更加拟真的数字孪生场景终将实现。

1.2.2　形成实时交互的沉浸式体验

和当前隔着屏幕的虚拟世界体验不同，借助各种沉浸式智能设备，用户能够以虚拟化身进入一个立体的虚拟世界，获得身临其境的沉浸式体验。在虚拟世界中，用户不仅可以如在现实世界一般自由动作、与人实时交互，还可以更加真实地感受虚拟世界的环境、周围人的动作等，获得更真实的体验。

当前，在元宇宙还未成熟之时，已经出现了一系列沉浸式应用，为用户提供了多方面的实时交互的沉浸式体验。

在办公方面，网易“瑶台”系统已经实现了沉浸式办公。用户登录平台后，可以以自己的脸为原型创建 3D 虚拟化身，进入一个内容丰富的 3D 虚拟世界。行走于虚拟世界的高大建筑、小桥、丛林之中，用户能够获得强烈的沉浸感。身边走来走去的可爱人物则是其他同事的虚拟化身。虚拟化身之间还可以打招呼、聊天互动等。

进入会议场地，会议大厅、会客厅、茶室休息区等场地一应俱全，和现实世界中的办公空间别无二致。在会议过程中，如果用户忘记日程安排，则可以在展板中寻找，想要发言时也可以举手申请。同时，想要进行一对一的对话，也可以移步茶室休息区，进行私密的对话。

为增强用户的沉浸感，整个虚拟场景都在尽可能地体现真实感。例如，在室外活动时，用户靠近河边可以听到哗哗的水声，可以看到石板上的青苔，同时在用户移动时，青苔的影子也会随之变化。

在文旅方面，2022 年 6 月，大型沉浸式数字交互场景《三星堆奇幻之旅》上线，为人们带来了一场身临其境的观赏体验。该数字空间 1:1 还原了三星堆遗址的全貌，让沉睡的文物“活”了起来。整个数字交互空间分为多个部分，包括三星堆考古发掘现场、数字博物馆展区、三星堆古蜀王国等。人们可以随时随地“穿越”进遗址现场，沉浸式感受文物的魅力。

未来，伴随着元宇宙的发展，沉浸式体验将会遍及游戏、社交、消费等更多领域。在此过程中，除了实时性、交互性、拟真性等方面将不断发展外，沉浸式场景的体验门槛也将不断降低，覆盖更多人群。

1.2.3 海量内容生产驱动边界扩展

和当前传统平台中平台方提供内容的模式不同，元宇宙支持用户进行内容创作，并可以根据内容的增加不断延展。在内容不断增加、边界持续扩展之下，元宇宙才能够实现长久的发展。

在当前的大多数平台中，PGC（Professional Generated Content，专业生产内容）是主要的内容生产模式。例如在游戏中，游戏开发商提供游戏内容，而玩家只是游戏的体验者。这种模式无疑限制了游戏内容的生产，也为游戏开发商带来了巨大压力。

以开放世界为例，其以精美的画质、广阔的地图、多样的玩法等吸引了广大玩家的喜爱。同时，为了保证游戏的质量和玩家不断探索新内容的需求，游戏开发商需要不断更新地图、更新玩法，长久地付出开发成本，一旦游戏迭代速度变慢，就很难维护老玩家对于游戏的热情。

为了解决这一问题，当下已经有一些开放世界游戏接入了玩家自制游戏模组，允许玩家改变游戏的道具、剧情等。事实上，仅凭游戏开发商、平台服务商的内容生产能力，很难打造出海量内容。要想实现内容的持续创造，在平台中引入 UGC（User Generated Content，用户生产内容）模式是十分必要的。

当前，一些沙盒游戏凭借自身配备的简捷易用的引擎，已经形成了较为完善的 UGC 创作生态。在这些沙盒游戏中，玩家不仅可以自由设计游戏道具，还可以开发新的游戏并向其他玩家开放。在广大用户的共创之下，沙盒游戏的内容得到了爆发式增长。

以沙盒游戏中的代表 Roblox 为例，Roblox 不仅支持玩家体验多样的游戏，还提供简捷易用的引擎，支持玩家进行游戏开发。这大大激发了玩家游戏创作的积极性。当前，Roblox 中的游戏数量已经突破了 2000 万个，并吸引了海量用户，如图 1-2 所示。其公布的 2021 年年报显示，超过 10 万款游戏的访问量达到了 1 万次；超过 2.6 万款游戏的访问量达到 10 万次。

从短期来看，UGC 内容生产模式将逐渐成为主流，以实现海量元宇宙内容的产出；从长期来看，AI 将大大提升 UGC 内容创作的质量和数量，甚至成为新的内容产出方式，为元宇宙注入长久的活力。

为什么 AI 将在未来赋能元宇宙创作？一方面，AI 与 UGC 内容创作模式融合后，可以大大降低用户内容创作的门槛。例如，在智能性不足的情况下，用户在创作内容时需要完善多种细节，创作效率难以提高。而在融合 AI 后，用户可以通过更加智能的工具展现创意，而 AI 可以自动补足用户创作过程中的细节。

图 1-2 Roblox 中多样的游戏

另一方面，未来，基于 AI 的各种虚拟数字人、智能机器人等有望成为元宇宙内容创作的另一主体。例如，当用户从元宇宙中下线时，可以雇用虚拟数字人或智能机器人接替自己的工作，持续进行内容创作、建筑建造等。

总之，AI 的融入将使得内容创作更为轻松，能够辅助 UGC 源源不断地产出内容。甚至在未来，AI 创作时代或将到来，成为元宇宙内容持续创作、边界持续扩展的核心驱动力。

1.2.4 虚拟经济系统与现实经济系统连通

终极形态的元宇宙中存在完善的经济系统，并且，其虚拟经济系统与现实经济系统是相互连通的。在元宇宙中，数字内容的创作与数字资产的积累将成为现实，用户不仅可以自由体验游戏、社交等各种活动，还可以创作数字内容进行交易，以自己的劳动获得报酬等。除了在元宇宙中积累数字资产外，用户还可以将数字资产转化为现实世界中的货币。

整体来看，元宇宙经济系统存在三种循环：第一种是单一元宇宙平台内部的经济循环；第二种是元宇宙各平台中的经济循环；第三种是元宇宙虚拟经济系统与现实经济系统之间的循环。

首先，元宇宙平台内部存在独立的经济系统，支持用户在其中进行数字内容创造、数字交易和数字资产积累等。例如在元宇宙平台 Decentraland、元宇宙游戏 Axie Infinity 中，都存在稳定运行的经济系统。

其次，未来在元宇宙平台不断发展的过程中，各平台之间的壁垒将被打通，不同的元宇宙平台之间将建立起互通的经济系统。用户可以用定制化的虚拟身份登录多个平台。同时，不同平台之间的数字货币可以相互兑换，用户存储于某一平台的数字资产可以在多个平台中流通。

最后，元宇宙中的经济系统与现实世界中的经济系统是相互连通的。当下，元宇宙中的经济系统与现实世界中经济系统的连接往往是单向的，用户可以用现实世界中的货币兑换元宇宙游戏平台中的数字货币，但却无法将数字货币兑换成现实世界中的货币。而在最终成熟的元宇宙经济系统中，虚拟经济系统与现实经济系统是连通的，彼此系统中的经济活动、货币、财产等都可以实现相互流通。

当前，已经有一些元宇宙平台在这方面进行了尝试。例如，沙盒游戏 Roblox 中就存在完善的经济系统，支持用户进行创作、通过交易获得收益等。同时，平台中的数字货币 Robux 可以实现与美元的相互兑换，实现了虚拟经济系统连接现实经济系统的尝试。未来，伴随着元宇宙的发展，更广范围的虚实相融的经济系统终将形成。

1.2.5　实现虚实融合交互

元宇宙形成的是一个虚拟世界与现实世界不断融合、交互的新世界。在元宇宙发展的过程中，虚拟世界的内容将更加丰富、更加拟真，现实世界的虚拟化程度也将不断加深，虚拟员工、虚拟场景等将与现实生活紧密融合在一起，最终形成一个虚实交融的新世界。

具体而言，元宇宙所实现的虚实融合交互主要分两个方向进行。一是依托 VR 技术直接将用户带进元宇宙中，实现现实人物与虚拟世界的融合交互；二是依托 AR 技术，打造出范围更加广泛的增强现实空间，加深现实世界与虚拟世界的融合。

例如，在 VR 方面，Meta 已经推出了元宇宙办公应用 Horizon Workrooms。其能够为用户提供个性化的虚拟化身、多样的虚拟会议场景等，支持用户在其中进行自由办公。同时，该产品也很好地实现了虚实联动功能。

（1）在键盘追踪功能的支持下，即使用户以虚拟化身存在于虚拟空间中，也可以在电脑中进行实时记录，或者在虚拟会议室中与其他参会者共享电脑屏幕。

（2）在手部和头部追踪功能的支持下，用户可以在虚拟空间中转头、打手势等，使会议演讲更加自然。

（3）在虚拟白板功能的支持下，用户可以在虚拟空间中展示 PPT、修改文件等，会议结束后，还可以将修改后的文件导入电脑中。

除了以 VR 进行虚实融合交互外，AR 也能够通过虚拟叠加现实的方式实现虚拟世界与现实世界的融合交互。

例如，华为基于虚实融合技术推出了一款 AR 交互体验应用“星光巨塔”。通过该应用，用户可以进入一个虚拟与现实结合的奇幻世界。在这里，用户可以看到出现在草地上的虚幻的九色鹿、大象等，可以看到天空飞过的飞船、寻找神秘宝箱等。而这些虚拟道具都十分立体拟真，甚至可以在阳光下留下影子。

总之，无论是将用户带入虚拟世界，还是将虚拟场景融入现实，都已经出现了相关的尝试，同样都能够为用户提供沉浸式的交互场景。而在未来，随着这些应用的增多和探索的深入，虚拟世界与现实世界的联系将会更加紧密，融合程度也将不断加深。

1.3 核心驱动：元宇宙成为互联网发展下一阶段

元宇宙依托互联网而产生，又会深刻影响互联网的发展。当前，企业可以依据人们在现实世界中进行的各种活动发掘商机，而在元宇宙中，人们的活动从线下搬到了元宇宙，同时元宇宙中也将产生新的商机，打开互联网发展的新空间。从这一角度来看，元宇宙是互联网发展的下一阶段。

1.3.1　市场现状：移动互联网红利增速减缓

移动互联网的发展变革了信息传播方式，深刻影响了人们的生活，同时也变革了各行业的商业模式，催生了新的机遇。但经过数十年的发展，互联网的发展也出现了新的阻碍。

在市场空间方面，互联网流量增长空间越来越小，流量红利增速减缓。当前，市场中的网民规模不断扩大，互联网普及率不断提高。随着移动互联网的不断普及，市场中移动互联网用户规模已逐渐稳定，增速逐渐放缓，流量红利增速减缓。

在这种背景下，市场中的移动应用用户增长速度不断下滑，存量转化竞争变得越来越重要，降本增效、精细化运营成为众多企业关注的发展重点。随着用户消费习惯的改变，一些企业开始进行策略延伸，开始主攻下沉市场，也有一些企业更加聚焦“Z 世代”（1995—2009 年出生的一代人）、二次元用户等不同细分群体，以圈层文化开辟新市场。

无论企业选择怎样的策略，都是在探索移动互联网之下的细分市场，面对的竞争都十分激烈。而元宇宙则将打开广阔的虚拟市场，为整个互联网行业的发展提供新方向。

一方面，元宇宙的出现能够实现现实商业模式向虚拟世界的延伸。例如，在当前市场中，建筑公司通过承接建筑项目获得收益。而这种商业模式就可以延伸至元宇宙中，致力于开发元宇宙虚拟建筑的建筑公司可以承接各种元宇宙建造项目，通过在元宇宙中搭建各种场景获得收益。与此前商业模式不同的是，新的建筑项目是在虚拟世界中，由精通元宇宙建造的设计师以虚拟化身打造出来的。

另一方面，基于虚拟内容创作，市场中将衍生出诸多新的商业模式。

例如，在现实世界中，明星可以凭借自身强大的影响力获得众多粉丝的喜爱。那么这一影响力如何在元宇宙中发挥作用？基于自身形象的虚拟化身是必不可少的。面对这种需求，企业可以进行明星的虚拟化身制作、虚拟形象打造、虚拟活动策划等，为明星提供一站式虚拟营销服务。

元宇宙将突破移动互联网发展的空间壁垒，打开广阔的虚拟空间。在全新的、蕴含无限潜力的虚拟空间中，无论是互联网科技巨头，还是新兴的创业公司，都可以在其中找到更多的商业机会。

1.3.2 技术趋势：元宇宙符合多种技术融合发展趋势

从技术方面来看，元宇宙符合 VR、AI、5G、区块链等多种先进技术的发展趋势。先进技术并不是单一发展的，而是会和多样的技术融合，衍生出更加智能的综合性应用。而元宇宙则为更多技术的融合提供了契机，也让更多技术有了更为广阔的发展空间。

以 VR 为例，当前，市场中的 VR 设备五花八门，VR 体验馆越来越多，旅游景点、商场等都推出了 VR 体验项目。但综合来看，这些 VR 往往只以体验为主，没有形成更大范围内的应用，应用价值也尚待发掘。而元宇宙则为 VR 的应用提供了广阔的应用场景。在元宇宙中，VR 成为连接虚拟与现实的关键入口，是用户进入元宇宙的必要支撑技术。其应用价值被大大提高。

当前，区块链技术已经在数字货币、金融资产交易结算、存证防伪等方面实现了一定程度上的应用，但其应用潜力尚未被完全发掘。而在元宇宙中，区块链将搭建起元宇宙去中心化运行的底层技术基础，实现广泛的、全方位的应用。

元宇宙将为当前诸多先进技术提供广阔的应用土壤，推动多种技术应用的广泛落地。从这方面来看，元宇宙的发展符合多种技术融合发展的趋势。在元宇宙逐渐成形、成熟的过程中，这些先进技术也将实现快速发展。

1.3.3　资本支持：元宇宙市场彰显发展潜力

资本支持是元宇宙爆发的重要推动力。有了资本的助力，各种元宇宙项目才得以发展，才有更多的企业将发展的目光转向元宇宙。

数据统计，2022 年第一季度，市场中超过 40 个元宇宙项目获得了融资。其中，VR 解决方案提供商、VR 内容厂商以及相关的硬件厂商都获得了多笔融资。

而到了 2022 年第二季度，市场中又发生了 30 多起元宇宙项目融资案例。其中，虚拟数字人方案提供商魔珐科技接连完成 B 轮、C 轮融资，共获得 1.3 亿美元融资；数字内容开发平台 Cocos 完成 5000 万美元 B 轮融资；元宇宙 UGC 平台 BUD 获得 3680 万美元的 B 轮投资。此外，还有一些展现出潜力的元宇宙公司，如元宇宙平台 FUNBOX、聚焦虚拟形象的影眸科技等也获得了资本的青睐。具体的元宇宙项目融资案例如表 1-2 所示。

表 1-2　2022 年第二季度元宇宙领域融资案例（部分）

时间	公司 / 主要业务	融资金额 / 轮次	投资方
4 月 5 日	魔珐科技 / 虚拟数字人	2000 万美元 /B 轮	清新资本、锦沙资本、红杉中国、五源资本
4 月 6 日		1.1 亿美元 /C 轮	软银愿景基金 2 期、极光创投、指数创投
4 月 8 日	影眸科技 / 虚拟形象	数千万元 /Pre-A 轮	红杉中国种子基金、奇绩创坛
4 月 11 日	Cocos/ 数字内容开发	5000 万美元 /B 轮	建信信托、纪源资本、声网 Agora
5 月 16 日	爱化身科技 / 元宇宙营销	约千万元 / 种子轮	中科金财
5 月 23 日	BUD/ 元宇宙 UGC 平台	3680 万美元 /B 轮	红杉印度、锴明投资、网易、北极星创投、纪源资本、启明创投、源码资本
5 月 27 日	明日互联 / 区块链	数百万元 / 天使轮	珂玺资本、小恐龙基金
6 月 6 日	造梦时空 / 数字藏品	约千万元 / 天使轮	醒澜资本

续表

时间	公司 / 主要业务	融资金额 / 轮次	投资方
6月8日	心识宇宙 / 虚拟数字人	数千万元 / 天使轮	红杉中国种子基金、线性资本、险峰 K2VC
6月17日	大朋 VR/VR	数千万元 / 战略融资	华强资本、谦宜资本、联芯基金
6月20日	棱镜全息 / 全息内容	近亿元 /A 轮	吉利、千合投资

总体而言，这一季度获得融资的元宇宙项目主要有数字藏品公司、平台及内容提供商和元宇宙基础设施类公司。

从投资者的角度来看，元宇宙领域的投资者主要包括大型科技公司，如 Meta、微软等；风险投资机构，如软银集团、红杉基金等；以及其他投入资金的品牌商，如风语筑、宝通科技、蓝色光标等上市企业。在这方面，科技文创类上市公司风语筑投资了 NFT 技术服务商星图比特、泛娱乐公司零境互娱等。未来，风语筑将在 NFT、元宇宙社区平台等方面进行积极探索。

由当前的市场态势可见，元宇宙市场投融资项目不断，深受资本市场的青睐。资本市场展示出了对元宇宙概念及其广泛应用领域的认可和期待。

第 2 章

关键技术：元宇宙实现的顶层支撑

元宇宙的落地离不开技术的支持。具体而言，元宇宙主要需要视觉交互、网络环境、认证机制、内容生产 4 个方面的先进技术的支持。

2.1 视觉交互：实现元宇宙的沉浸式体验

元宇宙涉及的视觉交互技术主要包括 XR（EXTENDED REALITY，扩展现实）、动作捕捉、触觉传感等技术。借助这些技术，用户可以在元宇宙中获得沉浸式体验、自由奔跑跳跃、感受虚拟世界中物体的重量和质感等。

2.1.1 XR：多种虚拟技术的集合

元宇宙能够为用户提供沉浸式体验，而这一体验依赖于 XR 技术。因此，XR 也被认为是元宇宙的入口。从概念上来说，XR 技术指的是计算机技术与可穿戴设备等产生的融合真实与虚拟的环境，是 VR、AR、MR（Mixed Reality，混合现实）等沉浸式技术的统称。

同为 XR 的重要组成部分，VR、AR、MR 有什么不同？VR 能够通过模拟创造出一个完全虚拟世界，为用户提供视觉、听觉等感官的模拟，打造出身临其境的沉浸感和临场感。AR 是一种能够将虚拟世界信息与现实世界信息集成的技术，能够通过模拟仿真和叠加，将虚拟场景应用到现实场景中，并被用户所感知，从而实现超越现实的感官体验。MR 能够将虚拟世界信息与现实世界信息混合在一起，搭建起实时交互的可视化环境。而作为以上技术的统称，无论是打造出完全虚拟的场景，还是虚拟与现实叠加、虚拟与现实混合的场景，都属于 XR 场景的范畴。

作为元宇宙的重要显示技术，XR 无疑是开启元宇宙的钥匙。借助 XR 显示设备，人们才能够以虚拟化身进入虚拟世界，进行更加自然的交互。在 XR 技术出现之前，互联网社交只是一种简单的信息投射，无法将虚拟形象带入现实世界，也无法赋予人们自由的虚拟化身。这样的交互是缺乏沉浸感的。而 XR 技术的出现，让虚拟与现实的结合成为可能。AR 技术可以将虚拟形象带入现实世界，VR 技术则能够让人们以虚拟化身进入虚拟世界，而 MR 技术能够将 AR、VR 相结合，将人们带入一个亦真亦幻的世界中。

基于 XR 对于元宇宙的重要作用，很多企业都在这方面积极布局元宇宙。华为公司持续布局 XR 产品，发布了 XR 芯片平台，推出了集成 GPU（graphics processing unit，图形处理器）、NPU（neural-network processing units，网络处理器）的 XR 芯片和基于该平台的 AR 眼镜。

同时，苹果公司也加强了在 XR 领域的研发和收购。2021 年 6 月，苹果公司提交了 VR/AR 的相关专利申请，致力于研发新产品。此外，苹果公司也收购了一些 AR 眼镜、VR/AR 技术等相关企业。

未来，5G 的发展也会推动 XR 应用的落地。当前，受限于网络，企业难以打造出更加拟真的虚拟场景，在体验方面，触感、听觉、嗅觉等的模拟都难以实现，这使得人们无法获得更真实的体验。而在 5G 网络下，XR 设备能够传输更多数据，进行更多、更复杂的计算，这能够为触感、听觉等提供更加准确的信息。

可以想象，随着技术的不断发展，人们可以在元宇宙中得到更加真实的体验。或许有一天，人们足不出户就可以进入浩瀚、沉浸感十足的元宇宙中，自由地游览、购物，更加真实地体验虚拟世界中的生活。

2.1.2　动作捕捉 + 触觉传感：提升沉浸式交互体验

为了带给用户更加优质的沉浸式体验，当前，XR 设备正在逐渐更新功能，融入更多先进技术，以求实现更高程度的沉浸感。其中，动作捕捉技术与触觉传感技术是升级 XR 设备沉浸感的重要技术。

1. 动作捕捉

动作捕捉技术是一种对人体的运动进行数据记录和动作还原的技术，能够通过对人体骨骼的追踪定位和算法计算，将人体的动作完全还原。动作捕捉系统由硬件和软件两部分组成，硬件包括采集设备、传输设备等，软件包括系统设置、运动捕捉、3D 模型映射模型等功能模块。动作捕捉技术能够将人体的动作与 XR 虚拟内容串联起来，实现沉浸式的交互体验。从这方面来说，动作捕捉技术是开启 XR 世界的钥匙。

当下，主流的动作捕捉技术主要分为三类：光学动作捕捉、惯性动作捕捉、计算机视觉动作捕捉。

光学动作捕捉基于摄像机实现，由一组摄像机和数据处理服务器构成一个完善的系统。往往通过多个安装在同一空间的摄像头追踪安装在人体身上的反射标记，得到各标记的位置，从而完成对人体动作的捕捉。

惯性动作捕捉通过 IMU（Inertial Measurement Unit，惯性测量单元）实现对人体动作的捕捉。具体操作是把集成了加速度计、陀螺仪、磁传感器、数字信号处理器等的 IMU 固定在人体的骨骼节点上，通过对运动数据的测量，完成对人体动作的捕捉。

相比前两种动作捕捉技术，计算机视觉动作捕捉技术显得更加智能，充分展现了计算机视觉技术的智能性。具体操作是通过多个高速相机从不同角度对人体进行拍摄。在得到人体的运动数据后，系统通过智能运算，能够在计算机中得到人体的运动轨迹，从而完成动作捕捉。

当前，不少 VR 设备都融入了配套的体感交互功能，借动作捕捉技术提高用户的交互体验和沉浸感。以 Oculus Rift 为例，其就融入了红外光学定位技术和九轴定位系统。Oculus Rift 的头显和手柄中都设置了可以发出红外光的红外灯。而摄像机可以捕捉到这些红外灯发出的红外光，同时通过程序计算得出头显或手柄的空间坐标。另外，Oculus Rift 中还设置了九轴传感器。当光学定位存在遮挡或模糊等情况时，Oculus Rift 能够通过九轴传感器计算设备的空间位置信息，获得高精度的定位。

2. 触觉传感

触觉传感技术可以让用户感受到虚拟世界中的力、震动、物体的质感等，让用户产生真实的沉浸体验。当前，基于触觉传感技术的触觉手套已经实现，并通过技术迭代不断加深用户在虚拟世界的触觉感受。

例如，SenseGlove Nova 就是一款成功的 VR 触觉手套，已经成功应用于工业、科研等领域。借助该款 VR 触觉手套，配戴者可以在虚拟世界中感受真实的手部触感，感受虚拟物体的纹理、硬度、重量等。

在触觉传感方面，SenseGlove Nova 具有以下功能：

（1）强制反馈。SenseGlove Nova 能够实现手势识别、五指力反馈等。力反馈由附接到手指的磁性摩擦制动器实现，能够实现触摸、碰撞等的力量反馈，模拟出对虚拟物体的触觉感受。

（2）震动反馈。SenseGlove Nova 嵌入了语音线圈执行器技术，能够呈现出拟真的按钮点击、物体冲击的震动反馈。

在应用方面，SenseGlove Nova 的无线一体化设计十分便于穿戴，同时可以兼容多种 VR 一体机，可用于工业、消防、医疗等 VR 培训场景。

2.2 网络环境：高性能网络是搭建元宇宙的核心基建

当下，我国已经在移动互联网领域取得了诸多成果，让更多人体会到移动互联网的便利。这些都离不开强大的互联网基础建设。而强大的互联网基础建设也是很多互联网公司敢于试探和布局元宇宙的基础。

在 4G 时代，人们在观看高清视频、下载大型游戏时，时常遇到卡顿的情况，而若想流畅地体验虚拟世界，更需要优质网络的支持。可以说，优质的网络环境是元宇宙得以实现的基础。而在这方面，不断发展的 5G 以及未来得以实现的 6G 将为元宇宙的发展提供必要的网络支持。

2.2.1　5G 落地，展现更多网络优势

当前，市场中已经出现了一些元宇宙平台、XR 产品等，为人们体验元宇宙提供了入口。但受限于网络环境，这些产品在用户体验方面存在一些缺陷，如用户登录产品时会闪退、沉浸式空间的展示存在明显的时延等。这些都会影响用户的沉浸式体验。而 5G 的出现能够避免这些问题，为用户提供更优质的网络。

5G 与当前普遍应用的 4G 有何不同？具体而言，5G 具有 4 大优势，如图 2–1 所示。

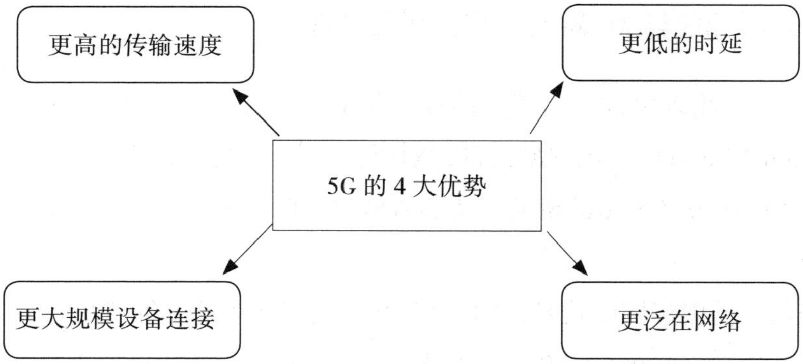

图 2–1　5G 的 4 大优势

1. 更高的传输速度

相比 4G，5G 在速度上有了很大提升。从理论上来说，5G 的传输速度能够达到 10Gb/s，比当前使用的 4G 大约快百倍。这意味着，当前在使用 4G 时存在的卡顿、经常缓存等问题将得到有效解决。

2. 更低的时延

低时延是 5G 相对于 4G 的一项重大突破。4G 网络能够满足很多生活场景的网络需求，但其较高的时延难以实现精细化的工业生产。而 5G 能够将

4G 约 20ms 的时延降低至 1ms，能够支持更精细化的智能生产。

3. 更大规模设备连接

4G 网络下往往存在这样一个问题：当同一个地方接入的设备过多后，设备就很容易出现卡顿的问题。而 5G 能够提供更大宽带，支持更多设备的接入和稳定运行，使用户能够得到更流畅的网络使用体验。

4. 更泛在网络

当前，4G 网络并没有实现全面覆盖，在电梯里、地下车库等场所难以连接 4G 网络。

而 5G 借助更小的基站，能够实现更广范围的网络部署，消除当前存在的种种网络死角。

广泛铺设的高性能的 5G 网络能够满足用户随时随地进入元宇宙的需求。

2.2.2　5G 与 XR 融合，提升沉浸体验

在 5G 未出现之前，由于产品存在易卡顿、易闪退、时延较高等缺陷，XR 设备难以获得广泛用户的认可，XR 行业的发展也起伏不定。而 5G 的落地为 XR 行业带来了新的机遇，将逐步解决 XR 行业发展痛点，推动 XR 行业繁荣。

当前，受限于网络技术，VR 设备往往会存在画面不够清晰、卡顿延迟等问题，也有一些用户在戴上 VR 设备后会出现眩晕感，这些都是 VR 技术不够成熟的表现。而 5G 能够提供高速度、低时延、大宽带的网络，能够有效缓解用户戴上 VR 设备后出现的眩晕感。同时 5G 也让 VR 设备中的数据传输变得更快，用户体验感更加自然舒畅。

此外，在 VR 设备的成本方面，5G 也能够带来优化。当前的 VR 设备存在太重或价格太高等问题，而在 5G 应用后，5G 云服务能够将更多的计算任务上传到云端，实现 VR 设备的轻量化。同时，VR 设备的相关硬件成本也会降低，更有助于 VR 设备的普及。

除了完善设备外，5G 也会推动 VR 设备在更多领域的应用。在 2021

世界 VR 产业大会上，中国移动发布了虚拟 VR 生态系统合作体系、移动云 VR 平台等新应用，涵盖工业、医疗、教育等诸多领域；中国电信设置了 5G 能力区、云 VR 体验区等区域，以 5G 赋能 VR 项目；中国联通携 VR 滑雪机、VR 射击对战等创新应用亮相。三大运营商的实际行动表明了在 5G 的加持下，VR 技术将得到创新发展，引领元宇宙的到来。

2.2.3　技术迭代，6G 未来可期

5G 并不是网络技术发展的终局，其下一代技术 6G 已经进入研发阶段，将在未来进一步颠覆网络体验。不同于 5G，6G 不只会带来网络容量、传输速度的突破，更能够跨越数字鸿沟，实现人与人、人与物、物与物万物互联的目标。

6G 能更广泛地增强人类的感知，甚至能实现触觉、视觉、生理和心理等的互联。6G 将不再局限于地面通信，而会将地面通信、卫星通信、海洋通信全面打通，让如今的通信“盲区”也都实现信号覆盖。

当前，6G 虽然依旧处于研发之中，但展现出了广阔的发展前景。公开资料显示，从理论上来说，6G 网络速度将比 5G 快约 100 倍，峰值速率可达每秒 1TB。这将为社会带来变革性改进，给出解决复杂问题的方案。例如，6G 可以与人工智能一起解决自动驾驶汽车的调度问题。有了 6G 网络，交管系统可以及时获取自动驾驶汽车的位置及道路上的障碍物等信息，从而对拥堵路段进行疏通，确保通行效率。自动驾驶领域只是 6G 发挥作用的一个例子，之后 6G 还将进一步优化，在金融市场监测与规划、突发事件预测等方面为人们提供帮助。

此外，6G 的实现将全面改变人们娱乐、社交、工作的方式。在更快速网络的支持下，立体全息地图、超级 VR、AR 等都可能在日常生活中实现，元宇宙的终极形态也将近在眼前。

未来，6G 在空间通信、触觉互联网、多感官混合现实、机器间协同等领域都可能发挥重要的作用，由此开启万物互联的新时代。

2.3 认证机制：区块链搭建去中心化机制

元宇宙的形成离不开认证机制的搭建。在元宇宙中，用户的数字资产如何认证？数字交易过程如何认证？这些都是必须解决的问题。在这方面，区块链将成为元宇宙认证机制的底层技术，为元宇宙提供去中心化运行支持。

2.3.1 技术拆解：区块链的关键技术

区块链包含四大关键技术，要想了解区块链，就需要对这些关键技术进行解析，如图 2–2 所示。

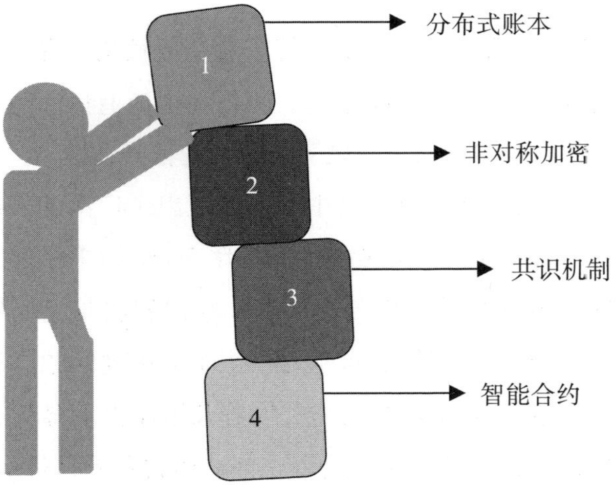

图 2–2 区块链的关键技术

1. 分布式账本

分布式账本是一种数据存储技术，其本质是一个去中心化的分布式数据库。在分布式账本中，各方参与者可以得到一个真实、统一的账本副本，如果一方参与者需要改动账本数据，则需要通过其他参与者的确认；同时，更新后的账本信息也会同步到不同参与者的账本副本中。此外，由于分布式账本的每一次记录都会存储相关记录者的身份信息和记录时间，因此整个账本的动态是可以被追溯的，有利于参与者从中找出需要的关键节点。

2. 非对称加密

区块链采用的是非对称加密算法。非对称加密指的是加密一条信息需要使用公钥和私钥两个密钥，以保证在分布式网络中信息传递的安全。公钥是全网公开的，所有人都可以通过公钥加密信息，并安全传输密钥。通过公钥加密的信息只有通过对应的私钥才能够解开。信息传递的具体流程为发送信息者使用私钥对信息进行签名，同时通过接收信息者的公钥对信息进行加密；接收信息者通过对方的公钥验证对方的签名，同时使用私钥对加密信息进行解密。这种非对称加密的信息传递方式保证了信息传递的完整性、一致性和安全性。

3. 共识机制

区块链中没有一个中心化的节点做决策，但区块链的运行需要一套规则。每个节点都遵守这个规则，才能够实现网络的自主运行。共识机制就是这样一种规则，能够解决分布式账本中不同节点的记账问题。在共识机制下，哪个节点取得了记账权，整个网络就使用哪个节点处理好的数据。总的来说，共识机制能够约束去中心化网络中的各节点，使不同节点间可以验证、确认各种数据，从而产生信任、达成共识。

4. 智能合约

从技术角度来看，智能合约是一种网络服务器，其架设在区块链上，支持特定合约程序的运行。交易双方可以在订立智能合约时写入相关交易规则，之后当某条交易条款被触发时，合约便会自动执行。这在解决交易信任问题的基础上保证了交易的安全性。

基于以上各种关键技术，区块链能够搭建起一个稳定运行的去中心化网络，为元宇宙中的经济活动提供基础。在各种经济活动的基础上，元宇宙才能够逐渐建立起完善的经济体系。

2.3.2 区块链搭建元宇宙底层运行机制

从特点上来分析，区块链具有以下 5 个方面的特征，如图 2–3 所示。

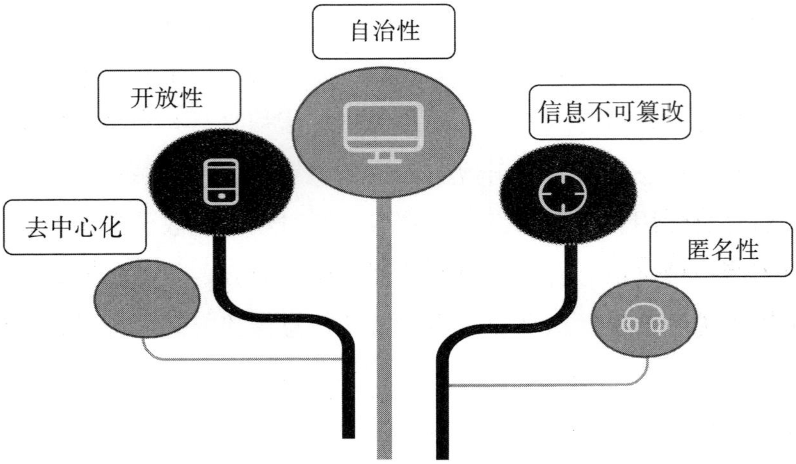

图 2–3 区块链的 5 个特征

1. 去中心化

去中心化是区块链最突出的特征。区块链通过分布式结算和存储的方式运行，不依赖任何第三方管理机构，所有节点有均等的权利和义务，能够实现信息的自我验证、传输和管理。

这使得区块链能够避免中心化节点被攻击而导致的数据泄露的风险，同时能够提高运行效率。

2. 开放性

开放性指的是区块链是一个公开透明的系统，交易的各方都可以通过公开入口查询其中的数据和变更历史记录。当然交易各方的私密信息是被加密的，无法被查看。同时，区块链系统能够实现多方共同维护，即使个别节点出现了问题，也不影响整个系统的运行。

3. 自治性

自治性指的是区块链基于协商确定的协议运行，只要实现协议中约定的内容，区块链就会自动执行接下来的程序。这能够解决交易中的信任问题。交易各方能够在去信任的环境下基于区块链系统的验证执行交易，大大提高交易效率。

4. 信息不可篡改

区块链中的信息是不可被篡改的，一旦交易信息被验证通过，就会被永久保存。这使得区块链系统有了一种可追溯性，如果交易出现问题，依据对以往交易信息的追溯，人们可以轻易发现是哪一个环节出现了问题。

5. 匿名性

区块链上的各交易方拥有一个用数字和字母组成的唯一的地址，用来表明交易者的身份。同时，所有的身份信息都是匿名的，不存在个人信息泄露的风险。

区块链能够为元宇宙的运行提供安全保障，保证用户交易、数字资产流通过程中资产和个人信息的安全性，能够搭建起元宇宙的底层运行机制，助力元宇宙经济系统搭建与长久发展。

一方面，区块链能够实现去中心化的资产记录和流转，保障资产安全。区块链为元宇宙提供了价值传递的解决方案。从元宇宙的发展来说，其迫切需要经济规则。而区块链的出现使得虚拟资产可以以去中心化的形式记录和流转，保证交易的公平公正和透明。

区块链技术的应用代表比特币就实现了去中心化的资产记录和流转。在比特币网络中，各参与方维护同一个区块链账本，通过计算随机数的方式确定记账权，从而实现账本的去中心化。同时，其中的激励机制会促使各参与方积极提供算力并维护交易网络，保证系统的安全性。对于比特币的持币人而言，比特币充当着一般等价物，他们可以通过比特币进行交易，而这种交易并不依赖于任何中心化的账户体系。

比特币的运行表明去中心化的价值流转是可以实现的。以太坊借鉴了比特币的这种模式并进行了升级，支持更复杂的交易程序，诞生了智能合约，将区块链从单纯的去中心化账本升级成了去中心化平台。

当前，基于智能合约的 Dapp（Decentralized Application，去中心化应用）不断发展，集中于金融、游戏、社交等领域，用户量和资产量都在不断增长。Dapp 通过智能合约实现了交易逻辑的去中心化执行，从而解决了线上交易的信任问题。

另一方面，区块链能够有效避免平台垄断。当前，很多企业都在推进元宇宙项目，打造元宇宙产品，力求孕育出元宇宙的一个雏形，这些企业的资源和元宇宙生态都是封闭的，本质上并不能形成真正的元宇宙。成熟的元宇宙体系不会被某一家公司所垄断，也不会因为某一家公司的破产而消失，是去中心化和开放的。

中心化平台可能会通过规则的非对称优势损害用户的利益，让总体利润向平台方倾斜。元宇宙是承载人们虚拟活动的庞大生态，在流量方面具备垄断优势，而以中心化平台为主导的元宇宙商业模式则会导致大规模的垄断，不利于元宇宙的长期发展。

区块链的出现带来了一种去中心化的模式，用户个人数据、资产数据等可以不记录在内容平台上，而是加密记录在区块链平台中。在这种模式下，内容平台无法垄断用户数据，只能单纯地提供平台服务。同时，借助智能合约，平台可以实现去中心化运行，解决某些场景中的信任问题。在元宇宙搭建的过程中，去中心化模式更符合元宇宙长期发展的要求。

2.4 内容生产：创作元宇宙内容的工具

元宇宙的形成和发展离不开海量内容的产出，而 3D 引擎、AI 等都是赋能元宇宙内容创作的重要技术。在以上技术的支持下，企业、用户、AI 等都可以成为元宇宙内容的产出者，极大地丰富元宇宙中的内容。

2.4.1 3D 引擎搭建虚拟世界场景，助力虚拟空间开发

3D 引擎是赋能用户创作的重要工具。从类型上划分，3D 引擎分为开源引擎与自有引擎两类。开源引擎能够为诸多企业或开发者的虚拟世界开发提供工具，而自有引擎为某应用内部自带的引擎，目的是为用户在应用内

的创作提供工具。

相比而言，开源引擎的应用更为普遍，其不仅支持用户借平台开发各种游戏，也支持虚拟工业场景、建筑场景的搭建。Unreal Engine(虚幻引擎)、Unity 引擎等都是其中的翘楚。

1. Unreal Engine

2021 年 5 月，3D 引擎领域的领军者 Epic Games 公布了更新后的 Unreal Engine 5，展现了更强大的实时渲染能力。该引擎可以让游戏的实时渲染画面媲美现实世界。和上一代虚幻引擎相比，Unreal Engine 5 引入了新的渲染技术和动态全局光照技术。其中，新的渲染技术可以让游戏画面拥有堪比影视作品的高精度级别的模型。Unreal Engine 5 可直接导入高精度的、复杂的素材，以供开发者使用。

而动态全局光照技术可以模拟光线在场景中反射的效果，使模拟出的场景效果更为逼真。同时，该技术能够对光线进行实时模拟，这意味着当玩家在游戏中关门、开窗时，游戏能够展现整体、逼真的光线实时变化效果。

2. Unity 引擎

Unity 引擎的应用范围十分广泛，全球排名前 1000 的游戏中，超过 70% 的游戏都是使用 Unity 引擎创作的。例如，《原神》《江南百景图》《英雄联盟手游》等都是使用 Unity 引擎开发的。同时，Unity 的引擎技术不只应用在游戏领域，还可以应用于可视化建筑设计、自动驾驶汽车模拟、影视动画等方面。其合作伙伴包括迪士尼、沃尔沃等。

Unity 的核心技术就是实时 3D 技术。在这种技术的支持下，实时 3D 画面能够实现高频率的实时刷新，带给人更高的沉浸感和更好的实时交互体验。

随着技术的迭代，当前很多 2D 的内容都会向实时 3D 内容转变。人们期待高沉浸感的交互式 3D 体验，这也是元宇宙形成的基础。在元宇宙不断发展的未来，传统的创作工具将不再适用，而 Unity 这样的实时 3D 引擎将成为构建元宇宙的基建技术。

Unity 可以为创作者提供强大的实时 3D 内容创作工具。借助 Unity，创作者可以快速构建一个十分具有真实感的虚拟世界，制作出逼真的森林、变换的阳光等，设计出媲美现实世界的逼真场景。由此可以看出，Unity 不仅是一个游戏引擎，还能提供从创作到运营的一站式服务，赋能创作者搭建元宇宙生态。

2.4.2 简捷易用的引擎工具赋能用户创作

除了以上提到的开源引擎外，另一类自有引擎也将在搭建元宇宙的过程中起到重要作用。相比更加智能的开源引擎，自有引擎更加简捷易用，能够为广大用户的开发创作提供工具。

以沙盒游戏平台 Roblox 为例，其打造了一个大型多人在线游戏创作平台，支持用户设计游戏世界中的玩法、物品、服饰等，同时体验其中开发者开发的各种新游戏。依托其 UGC 游戏创作功能，Roblox 支持广大用户进行游戏创作。

在工具上，Roblox 为用户提供了简易的游戏引擎，使得用户可以轻松地搭建虚拟空间，设计游戏的玩法、道具等，制作相对简单的游戏。虽然一些人认为 Roblox 中的很多游戏都有些粗糙，内容也相对简单，但不可否认的是，正是 Roblox 提供了简单易用的创作工具，让更广泛的目标用户群能够参与到内容创作中来，Roblox 才实现了内容的爆发式增长，形成了多样的内容生态。

除了 Roblox 外，游戏开发商代码乾坤也自主研发了一款名为“重启世界”的游戏创作平台。该平台融入了物理引擎技术，支持用户进行创作。与 Roblox 相似，代码乾坤为用户提供开发游戏的编辑器，降低用户开发游戏的门槛。代码乾坤提供的数据显示，用户只需要花费 6 小时，就可以学会如何使用平台上的功能，而创造一款比较简单的游戏通常只需要 2 天，新工具的出现不仅提升了游戏开发的效率，也让更多用户参与开发，也在很大程度上丰富了游戏内容。在元宇宙时代，Roblox、代码乾坤等游戏开发商将生产内容的权利转交给用户，为用户制定相应的规则并提供开发工具。

用户则可以充分发挥想象力和创造力，根据自己的喜好开发游戏。

2.4.3 AI 创作，实现元宇宙内容的智能生成

除了传统的 PGC 内容生产模式和以用户为主的 UGC 内容生产模式外，AI 也将为元宇宙内容创作提供技术支持，实现内容 AI 自动生产。

AI 技术将极大助力内容生产，例如，提高内容生产效率，丰富内容多样性和提供动态可交互内容等。它可以极大地弥补元宇宙的内容缺口。可以设想，在面对一个问题时，人们会从大脑中的知识体系里选择一个角度思考，但 AI 拥有更庞大、更多维度的知识体系，它可以从不同角度解读问题，从而提供更多的创作思路，不仅能提升创作效率，还能丰富内容的多样性。

此外，AI 自生成和涌现性的特征，能突破现有规则，为体验者提供更加动态多样的内容，但这一目标的实现需要很长的一个过程。

内容是由信息与载体构成的，人类对信息进行处理、加工、使用的过程就是内容创造的过程。内容创造是一个涉及多维度的复杂过程。首先，人类大脑需要具备信息接收与处理能力；其次，在学习过程中掌握信息结构化的能力；最后，逐渐形成自我知识体系，从而创造出想象的内容。

基于对内容创造这个过程的理解，我们可以大胆假设：如果机器具备了信息处理、结构化、使用的能力，那么机器也可以具备创造内容的能力，但是机器与人类在获得外界认知上是不同的。在美国作家 Judea Pearl（朱迪亚·珀尔）和 Dana Mackenzie（达纳·麦肯齐）的著作 *The Book of Why: The New Science of Cause and Effect*（《为什么之书：因果关系的新科学》）一书中，作者描述了因果律的三阶段理论，我们可以据此理解人类与机器在获得外界认知上的不同。

第一阶段：观察外界环境，寻找规律。例如，计算机在研究数百万场围棋对战的数据后，可以找出胜率更高的对战策略。但这个阶段的计算机只是被动接收数据，对数据只有统计意义上的理解。

第二阶段：干预外界环境，寻找规律。例如，如果改变围棋对战时的执行策略，机器可以判断出是否能取得胜利，这个过程就需要 AI 主动创造数据。

第三阶段：在想象中干预外界环境，寻找规律。例如，让机器想象在围棋对战中下一步该如何执行。学会构造还没有发生的事情，则意味着 AI 逐渐具备了想象的能力。

人们之所以能超越以往的经验，创造出新事物，是因为拥有一颗擅长分析的大脑，能够构造出还没有发生的事情。而对于 AI 来说，可能它们尚处于第一阶段或第二阶段，还没有办法处理复杂信息形成自己的思考。但随着 AI 技术的发展，第三阶段终会实现，到那时新内容会源源不断地被生产出来，一个多元的元宇宙世界便由此形成了。

第3章

产业生态链：搭建起完善的元宇宙产业生态

从产业维度来分析，当前，元宇宙领域已经搭建起了产业生态链。从产业入局者角度而言，科技企业是元宇宙产业的重要参与者；从产业链环节来看，从技术到应用，元宇宙产业链分为多个层次；从未来趋势来看，随着元宇宙产业的持续发展，各环节间的壁垒将逐渐被打破，行业间的融合发展将成为趋势。

3.1 持续发展：元宇宙行业热度攀升

自 2021 年元宇宙爆发以来，其热度持续攀升。在众多企业的布局下，元宇宙相关技术与内容爆发。在技术方面，微软、微美全息等企业聚焦元宇宙相关技术，积极进行新实践；在内容方面，VR 内容分发与创作越来越火热。

3.1.1 技术支持：新兴技术与新产品涌现

在当前的元宇宙产业中，科技企业是为元宇宙提供技术支持和研发元宇宙相关产品的主力军。在这方面，拥有技术优势的微软、微美全息等企业进行了诸多探索。

1. 微软

在技术方面，微软积极布局企业云平台，推出了诸多通用开发工具。微软旗下 Azure 云是企业级公有云平台。用户可将物理资产连接到云，创建数字模型，进行数据分析。微软推出的全息技术 Windows Holographic 可以为用户提供全息影像框架、感知 API 等服务。此外，微软还推出了开源开发工具包 MRTK，方便用户进行 MR 及 Hololens 应用的开发及拓展。

在技术应用方面，微软在 2021Microsoft Ignite（微软在线技术大会）上宣布，将旗下的 Microsoft Teams（一款聊天和会议应用）打造成元宇宙。将 Microsoft Mesh（多用户、跨平台的混合现实应用程序）融入 MicrosoftTeams 中，并借助于一系列整合虚拟环境的应用，让用户在互通的虚拟世界中更好地工作、交流。

除此之外，微软还宣布在 Microsoft Teams 中新增 3D 虚拟化身功能。用户不需要使用 VR/AR 设备，就能以虚拟人物的形式出现在视频会议中，自由进行交互。

2. 微美全息

2021 年 8 月，全息 AR 应用技术供应商微美全息宣布成立“全息元宇宙事业部”，开始布局下一代互联网。在软件技术方面，微美全息利用成像检测、模板匹配、视频处理、成像识别中的全息 3D 层替换技术以及成像跟踪中的动态融合处理技术，将全息 AR 内容融入虚拟应用中，在元宇宙商业应用中产生商业价值。

在全息应用方面，微美全息拥有全息 IP 权益内容库，内容应有尽有，从 3D 模型到全息虚拟产品，涵盖动漫、直播、偶像和社交等领域。

在全息硬件方面，微美全息推出了相关全息 XR 头戴式设备 WiMi Hologram SoftLight，该产品在图像色彩管理、可对接的设备、佩戴体验等方面均进行了优化，为微美全息在元宇宙头显领域的发展奠定了基础。

此外，微美全息还将向博物馆、公园、体育馆、大学校园等提供 AR 元宇宙服务，进一步拓展 AR 元宇宙的应用领域，帮助人们体验更多元化的元宇宙，并逐渐使元宇宙融入日常生活。目前，微美全息已经通过其全息学院平台开发了虚拟教室、车载 AR 导航等产品，并在多个地区逐步推广使用。

3.1.2　内容爆发：内容分发与内容创作市场兴起

随着元宇宙的兴起，其内容市场也迎来了爆发。元宇宙市场中的内容提供方主要分为以下两类。

一类企业依托自身虚拟技术，提供多样的元宇宙内容，如市场中的各种元宇宙游戏公司、虚拟内容制作公司等。例如，虚拟演唱会公司 Wave 就是一家虚拟内容制作公司。2020 年 8 月，其与美国说唱歌手 The Weekend 合作，为其打造了一场奇幻的虚拟演唱会，吸引了数百万名观众观看。在演唱会中，The Weekend 以虚拟形象现身，在不断变换的场景中随歌曲舞动，城市、丛林、宇宙都变为了演唱会的背景，如图 3-1 所示。这种将演唱会搬到虚拟世界的创新无疑是对元宇宙内容的一种探索。

图 3-1　The Weekend 虚拟演唱会中的场景

另一类企业聚焦元宇宙内容的分发，为用户提供多样的沉浸式内容。例如，Meta 旗下的 Oculus、大朋 VR 等都推出了自己的 VR 内容分发平台，为用户提供多元化内容。

Oculus 就推出了具有视频、社交等功能的 VR 内容分发平台 Oculus Home。用户可以在平台上观看 Netflix 影片，欣赏转播电视 Twitch、Vimeo 等内容，同时可以连接 Facebook 和 Oculus 账号，根据自己的关注列表获得个性化的 VR 内容。同时，用户可以在 Oculus Home 中邀请其他用户在虚拟环境中见面并体验虚拟游戏。

此外，恺英网络和大朋 VR 也联手推出了 VR 综合性平台 VRonline，功能更加多样。一方面，VRonline 具有海量内容在线分发的功能。VRonline 中提供了多样的游戏产品，能够自动化处理游戏的安装和更新，同时支持用户对本地 VR 游戏进行管理。除了游戏内容外，VRonline 还提供 VR 视频、VR 图片、VR 直播等多种内容。用户除了体验这些内容之外，还可以上传视频或发起直播，通过 VRonline 的 VR 播放器进行播放。

另一方面，VRonline 也是一个功能强大的开放平台，从多方面支持创作者的内容创作。首先，VRonline 支持创作者建立并管理账户，有完善的内容发布工具和内容发行系统，保证了内容的产出和分发。其次，VRonline 为创作者提供了完整的开发者工具和文档知识库，包含硬件适配、3D 游戏 VR 化，服务器及网络支持、云储存以及反盗版等功能，减轻了创作者的研发成本。最后，VRonline 提供数据管理及分析功能，能够显示访问量、来源、销售管理分析、用户留存、用户属性、评价系统等，便于创作者更好地掌握用户需求和反馈，并据此进行内容优化调整。

在元宇宙时代背景下，很多与元宇宙相关的硬件层厂商、科技巨头等都在布局元宇宙内容。元宇宙内容的不断增多也丰富了元宇宙的产业生态。

3.2 产业生态链拆解，解析产业多环节

元宇宙产业生态链包括哪些环节？从技术到应用，元宇宙产业生态链可以分为顶层技术层、前端硬件层、运行软件层、服务应用层等四个部分。

3.2.1　顶层技术层：产业上游多技术铺展

元宇宙的顶层技术层包括支撑元宇宙搭建的各种技术，如网络通信技术、算力技术、虚拟技术等。这些技术搭建起了元宇宙的基建和运行机制。

1. 通信网络技术

在元宇宙中，用户能够以虚拟化身在虚拟环境中与各种虚拟物体互动，获得更多真实感与沉浸感。而这一体验的实现离不开网络通信技术的支持。通信网络技术包括光纤通信、移动通信、Wi-Fi 等多种通信技术，是元宇宙实现数据传输与互联的基础。以 5G 为例，基于 5G 的高传输速度、低时延、大宽带连接等特性，其能够为元宇宙应用提供可靠的连接保障。同时，当前的 Wi-Fi 6 已经逐渐普及，较前代 Wi-Fi 5 的最大吞吐量提升了 2 倍多，大大改善了用户的互联网体验。而在未来，新一代 Wi-Fi 7 将不断迭代，信道宽度将进一步拓展，传输速度与吞吐量将进一步提升，为更多设备提供更加快速、稳定的网络。

2. 算力技术

元宇宙中的海量数据需要进行计算、处理，从而实现实时交互和沉浸式体验，而这些的实现离不开强大算力的支撑。当前，云计算、边缘计算等计算技术的应用范围逐渐扩展，一定程度上实现了算力的提升。而在元宇宙时代，量子计算技术、智能芯片、AI 等将实现融合，为元宇宙的运行提供大规模超强算力支撑。

3. 虚拟技术

虚拟技术包括 AR、VR 等实现元宇宙虚拟内容展示的技术。这些技术的发展将不断拓展虚拟世界的范围、加深虚拟世界与现实世界的连接，最终实现更广范围的元宇宙世界。当前，AR、VR 等虚拟技术需借助相关设备展示虚拟内容，而在未来，随着全息投影、裸眼 3D 等虚拟技术的发展，摆脱设备欣赏虚拟场景、进入虚拟世界或将成为现实。

3.2.2 前端硬件层：致力于研发产品硬件

前端硬件层包括元宇宙内容展示所涉及的所有硬件组成部分，包括 VR/AR 等输出设备；显示屏、动作捕捉设备等交互设备；芯片、传感器等零部件等。

输出设备方面，VR/AR 领域是众多企业布局元宇宙硬件的主要战场。2021 年以来，随着用户数字体验需求的增长和众企业在元宇宙领域的逐渐布局，全球头显出货量明显增长。IDC 发布的数据显示，2021 年全球 AR/VR 设备的出货量突破千万台。未来这一数据还将不断增长，行业处于快速成长期。

交互设备主要用于进行全身追踪和全身传感，以实现用户的沉浸式体验，目前每个细分领域都聚集着不同的企业，如提供显示屏的三星、LG 等；提供摄像头的歌尔股份、诺基亚等；提供语言识别支持的百度、科大讯飞等；提供动作捕捉设备的 Dexmo、诺亦腾等。

在零部件方面，提供芯片的企业主要有高通、全志科技、三星等；提供微投影器件的企业主要有德州仪器、3M 公司、苹果公司等；提供传感器的企业主要有三星、索尼、歌尔股份等。

整体来看，元宇宙概念的爆发为相关硬件市场的发展注入了活力，促使更多的硬件厂商专注于元宇宙相关硬件的生产，也促使更多的科技公司开始布局硬件产业链。在众企业发力之下，硬件设备的成熟将推动元宇宙的形成，而元宇宙的形成也会带动硬件设备的消费。

3.2.3 运行软件层：为硬件运行奠基

元宇宙的运行软件层包含多样的系统软件和开发软件，为元宇宙硬件的运行提供智能支撑。整体来看，运行软件层的内容如图 3-2 所示。

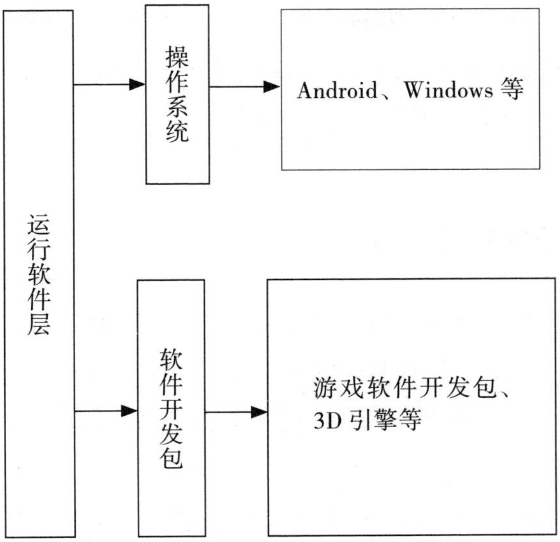

图 3–2　运行软件层的内容

如图 3–2 所示，运行软件层包括基础的 Android、Windows 等操作系统和游戏软件开发包、3D 引擎等软件开发包。其中，Android、Windows 等操作系统是支撑元宇宙相关硬件运行的基础系统。当前，Android、Windows 等操作系统都在逐步兼容更多的 VR 软硬件，有助于 VR 产品的研发和迭代。

软件开发包方面，游戏软件开发包为用户提供平面设计、建模、动画设计、交互设计等方面的工具。3D 引擎则能够对数据进行算法驱动，在虚拟世界中呈现出现实世界的各种关系。当前，元宇宙的运行软件层聚集着众多 3D 引擎，如 Unreal Engine（虚幻引擎）、Frostbite Engine（寒霜引擎）、Unity 3D 等。

此外，华为凭借先进的 5G 技术和在 VR/AR 领域的深耕，发布了 VR/AR Engine 3.0 双引擎，致力于打造虚拟现实生态。其中，VR Engine 3.0 实现了 6DoF 交互，除了能够检测到头部转动的视野变化外，还能够检测到身体移动带来的位移变化。同时，VR Engine 3.0 也支持 PC VR 无线化和第三方交互设备。AR Engine 3.0 在空间算法上达到了厘米级精度，具有环境语义理解、环境光照、物体跟踪、唇语识别、手部关节识别等功能。

整体来看，运行软件层聚集的企业越来越多。当前，网易已推出Messiah引擎、搜狐畅游自主研发出黑火引擎，未来，随着元宇宙的逐步发展，将有更多的企业接入元宇宙产业链条。

3.2.4 服务应用层：to B +to C

元宇宙的服务应用层是其落地应用的关键环节。当前，游戏、社交、办公等领域已经出现了多种多样的元宇宙应用，为用户提供多样的元宇宙体验。整体来看，元宇宙应用可以分为 to B（to Business，面向企业）和 to C（to Customer，面向消费者）两类。

to B 类的元宇宙应用是一些大型科技企业探索元宇宙应用的主要方向。通过这方面的探索，科技企业不仅能够更好地服务企业用户，还能够深化元宇宙在行业中的应用。以 HTC 为例，其就推出了服务于企业大型会议活动的虚拟现实解决方案 VIVE Events。该方案可以为参会者提供一个举办虚拟会议的空间，支持参会者以虚拟形象进行自由交流和互动。为了更好地服务于企业用户，VIVE Events 支持企业用户进行虚拟场景定制，自由设置会议的场景、主题等。

除了服务于企业会议的系统方案外，to B 类的元宇宙应用还有很多，如为制造企业提供虚拟协作空间的元宇宙工业平台、为文旅项目提供元宇宙文旅体验的沉浸式系统等。to B 类的元宇宙应用往往能够以定制化的产品服务于整个细分领域。

与 to B 类的元宇宙应用相比，to C 类的元宇宙应用显得更加多样化。无论是聚焦于个人用户的元宇宙游戏应用、元宇宙社交应用，还是向个人用户开放的元宇宙办公应用、数字藏品铸造平台等，都属于 to C 类的元宇宙应用的范畴。

例如，2021 年 4 月，一款名为 LiveTopia（闪耀小镇）的游戏在 Roblox 平台中上线，截至 2022 年 1 月，其吸引了超过 1 亿的游戏用户，累计访问次数突破 6.2 亿。LiveTopia 支持用户创建虚拟化身，在虚拟世界中进行各种创造并与其他用户互动等，也可以在其中进行各种挑战，开展各种精彩的冒险活动等。

与 to B 类的元宇宙应用相比，to C 类的元宇宙应用能够覆盖更多用户，为更多用户提供虚拟设计、沉浸式游戏、沉浸式办公等体验，让更多用户得以了解元宇宙的魅力。未来，to B 类的元宇宙应用与 to C 类的元宇宙应用都将得到进一步发展，应用数量在不断增多的同时也将覆盖更多的领域和用户，促使更多领域搭建起元宇宙雏形。

3.3　产业趋势：各环节壁垒逐渐模糊

当前，在布局元宇宙方面，很多实力强劲的科技巨头都是从元宇宙的硬件、产品等多方面布局，搭建自身元宇宙业务体系。同时，以全局的视角来看，元宇宙产业正在逐渐走向融合，企业间的合作、行业协会等越来越多。

3.3.1　企业布局：从硬件到产品全方位布局

对于企业而言，推进元宇宙项目需要硬件、软件、产品等多方面的能力。为了提升自身实力，很多企业纷纷通过投资、收购等方式补全自身短板，提升自身实力。

1. 腾讯

形成元宇宙虚拟空间离不开引擎工具的支持，Epic Games 旗下的虚幻引擎无疑是行业中的翘楚，而腾讯早早就投资了 Epic Games。Roblox 头顶“元宇宙第一股”的标签火热发展，而其投资名单里也出现了腾讯的身影。同时，腾讯还投资了虚拟演出运营商 Wave、AR 领域领头羊 Snap 等公司，不断完善自身的元宇宙产业链。

同时，在研发方面，腾讯也进行了积极探索。2021 年 11 月，腾讯发布第三季度财报，其中在科研方面的投入创今年季度新高。腾讯表示，未来腾讯将加大虚拟现实产品的研发投入，推出更高参与度、提供更优体验的产品。此外，基于其游戏和社交基础，腾讯将加大技术研发，不断探索和开发元宇宙。

2. 字节跳动

2021 年 10 月，字节跳动投资了芯片公司光舟半导体。光舟半导体在衍射光学、半导体微纳加工技术等方面极具优势，推出了自研 AR 显示光芯片及模组，同时推出了半导体 AR 眼镜硬件产品。在此前字节跳动已经收购了我国 VR 行业头部厂商 Pico，而此次字节跳动投资光舟半导体，体现了其持续对于元宇宙领域的布局。

字节跳动在元宇宙领域的布局建成体系，其正在通过不断地收购和内部研发搭建自己的元宇宙生态体系。对光舟半导体的投资和收购 Pico，体现了字节跳动在元宇宙硬件环节的布局。同时，2021 年 4 月，字节跳动投资了元宇宙概念公司代码乾坤。代码乾坤作为我国知名的手游开发商，推出了创造和社交 UGC 平台《重启世界》。这体现了字节跳动在元宇宙内容方面的布局。此外，在内容方面，字节跳动已在虚实结合、虚拟交互等方面进行了长期的研发和实践，旗下的抖音已经上线 VR 社交、AR 互动等功能。

依托硬件和内容方面的多方投资、收购，字节跳动融入了更多的元宇宙基因。未来，字节跳动将整合多方资源和技术能力，构建自己的元宇宙生态，并逐步深化在元宇宙领域的投资和研发。

3.3.2 产业联合：产业平台搭建成为趋势

伴随着元宇宙产业的发展，产业间各企业也开始逐渐走向联合，其中的重要表现就是元宇宙相关产业协会逐渐兴起，为企业间的合作和相互赋能提供了平台。

1. 元宇宙产业委员会

元宇宙产业委员会致力于元宇宙产业化及产业元宇宙化发展，将不断推进元宇宙应用的研发与落地。元宇宙产业委员会成立之后不久，公布了首批成员名单，其中包括深圳中青宝互动网络股份有限公司、天下秀数字科技（集团）股份有限公司等 8 家上市公司，均为在元宇宙领域拥有技术或产品优势、具有较大发展潜力的企业。

2. 元宇宙产业能力基地

元宇宙产业能力基地于 2022 年 6 月正式落成。该基地致力于打造标杆示范型元宇宙项目，拓展元宇宙业务。具体而言，该基地将以“5G+XR”为技术底座，搭建具备技术能力、产品能力、服务能力的企业级元宇宙能力生态平台，并为工业生产、教育、医疗、安保等多领域提供产业元宇宙解决方案，赋能未来城市建设的方方面面。

3. 中国广告协会数字元宇宙工作委员会

2022 年 1 月，中国广告协会数字元宇宙工作委员会正式成立。首届会员大会于北京召开，并通过选举产生了委员会的主任、副主任、秘书长、副主任单位等。其副主任单位包括阿里巴巴、腾讯、百度、网易等互联网大厂，集合了众多元宇宙领域的知名企业。该委员会致力于促进元宇宙与广告营销、智能制造、医疗健康、金融服务等各行业的结合。目前，委员会已经建立了产业进化、金融资本、知识产权等多个工作小组，对相关领域的企业进行赋能。

当前，市场中元宇宙产业平台越来越多，企业从单打独斗到走向元宇宙共建已经成为趋势。这些元宇宙产业平台在发展过程中，将吸纳更多的企业加入，汇聚更多先进技术，加速元宇宙创新进程。同时，各企业也能够借产业平台开展元宇宙业务，以平台技术优势、解决方案优势等发展元宇宙项目，最终推进元宇宙产业繁荣。

第 4 章

元宇宙经济：引发数字经济变革

2022 年 7 月，“2022 年全球数字化经济大会”圆满落幕。其中的元宇宙体验馆展示了新技术、应用和经济成果，也表现出了数字经济向元宇宙经济发展的趋势。2022 年 8 月末，“2022 中国国际服务贸易交易会”成功举办，本届服贸会首次设立元宇宙主题展馆，展示了元宇宙相关的数字技术、应用场景等。

当前，伴随着互联网技术的发展，数字经济持续繁荣，而在未来，元宇宙将成为数字经济新的落地土壤，衍生出元宇宙经济。相比于当前的数字经济，元宇宙经济将体现出更多虚拟化元素，成为数字经济中具有里程碑及历史意义的创新部分。

4.1 从数字经济到元宇宙经济

数字经济的核心是推动传统产业与互联网的融合，而元宇宙经济则是互联网发展新阶段的产物，展现出了更多创新基因。未来，伴随着元宇宙应用和活动的增多，元宇宙经济也将不断繁荣。

4.1.1　三大要素解析元宇宙经济

数字化技术正在向社会经济生活全面渗透，数字经济成为经济增长的新动能。什么是数字经济？G20 峰会曾在《二十国集团数字经济发展与合作倡议》中对数字经济作了定义：以数字化的知识和信息作为关键生产要素、以现代信息网络作为载体、以信息通信技术的使用作为提升效率和优化经济结构的推动力的一系列经济活动。

从范围上来看，元宇宙经济脱胎于数字经济，是数字经济的一个子集。元宇宙经济摆脱了传统数字经济的一些天然限制，如有限的自然资源、复杂的制度等。在纯粹的虚拟世界中，人们可以摆脱现实世界中的资源、物理规则等方面的桎梏，自由进行体验、创造、交换。例如，在未来的元宇宙世界中，人们可以自由探索，购买其他人制作的服饰、艺术品等。同时，人们也可以成为生产者，把自己制作的虚拟产品销售给其他人。

未来，元宇宙将形成怎样的经济体系？从构成要素方面来分析，元宇宙经济系统主要包括以下几个要素，如图 4-1 所示。

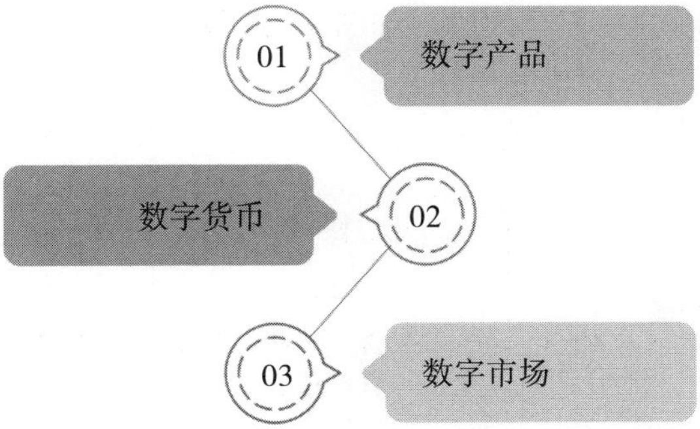

图 4-1　元宇宙经济体系的三大要素

1. 数字产品

在现实世界，人们创造的产物大多为实物产品或服务，而在元宇宙世界中，人们创造的产物是数字产品，例如，在虚拟世界中建造的建筑、设计的数字服装等。有了这些数字产品人们才能开展经济活动。

2. 数字货币

为了更方便地衡量数字商品的价值，元宇宙中还要有充当一般等价物的数字货币。它的职能与现行货币一样，作为交换媒介，提高交换效率，让元宇宙世界中的价值交换变得更便利。

3. 数字市场

有了数字商品自然会产生数字市场，它是元宇宙中的交易场所，代表着每个元宇宙经济的参与者必须遵循的规则，是元宇宙经济得以繁荣的基础。例如，人们买卖数字商品都必须遵循市场规则，不能随意定价、恶性竞争、欺诈他人等。市场的存在维护着元宇宙经济的稳定，让其可以在规则和秩序中可持续发展。

4.1.2 元宇宙经济发展的三个阶段

从目前的市场现状来看，元宇宙经济的形成和发展还有很长的路要走。未来，伴随着元宇宙的发展，元宇宙经济也将逐步繁荣。具体而言，元宇宙经济的发展可以分为三个阶段，如图 4–2 所示。

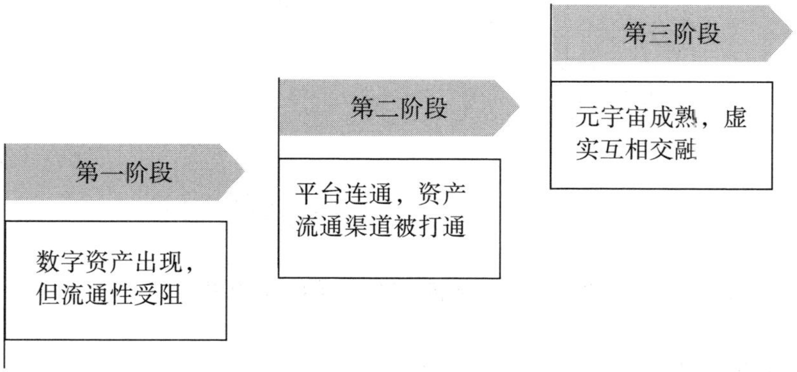

图 4–2 元宇宙经济发展的三个阶段

1. 数字资产出现，但流通性受阻

当前，一些元宇宙平台中已经展示出了元宇宙经济的雏形。在平台打造的虚拟世界中，存在通用的数字货币，用户可以通过创造活动或交易活动获得数字货币，积累数字资产，甚至将数字资产转化为现实世界中的资产。这些平台搭建起了相对稳定的经济体系。但其仍存在一些缺陷，如平台中的数字货币只能在平台内部流通，平台方对内部经济体系具有较强的控制性等。

2. 平台连通，资产流通渠道被打通

在这一阶段，市场中的各类元宇宙平台逐渐打通了彼此之间的壁垒，实现了互通，形成了更大的元宇宙经济市场。用户的数字身份可以在多个平台得到认证，同时，基于统一的数字货币，某一平台的数字资产也可以在多个平台内流通，最终实现数字资产在更广范围内的自由流转。

3. 元宇宙成熟，虚实互相交融

在这一阶段，元宇宙的发展逐渐成熟，虚拟世界与现实世界实现了广泛的交融。而元宇宙也已经成为人们生活的一部分，成为现实世界的延伸。此时，现实中的数字经济与元宇宙中的元宇宙经济将紧密融合在一起。现实世界中的资产可以通过先进的数字化技术进入元宇宙中实现流转，而元宇宙中的数字资产也可以自由流通到现实世界。

4.2　NFT：形成元宇宙经济体系的核心环节

要想形成完善的元宇宙经济体系，就需要解决数字资产价值如何认证、如何流转等关键问题。在这方面，区块链技术能够为元宇宙经济体系提供关键支撑。区块链技术支持下的 NFT（Non-Fungible Token，非同质化代币）能够为元宇宙中的资产价值确认、资产流转等提供解决方案。

4.2.1　明确价值与归属，为数字资产提供凭证

NFT 意为非同质化代币，是相对于 FT（Fungible Token，同质化代币）

而言的。FT 可以互换、分割，不具有唯一性，而 NFT 不可分割且具有唯一性。每个 NFT 拥有独特、唯一的标识，两两不可互换。

在元宇宙经济体系中，NFT 的价值体现在哪里呢?

NFT 的存在解决了一个最重要的问题，即我们从未真正拥有过数字资产。现实世界中有两种资产存在交易困难，第一种，房产等单价较高的资产交易较困难；第二种，权益、IP 等这种无形资产，因无法被定价，所以很难达成交易。但如果这些数字资产被铸成 NFT，就具备了交易的数字凭证。

NFT 之所以能够成为数字资产的数字凭证，是因为其通过集成底层区块链技术，具备了区块链无法篡改、无法复制、不可分割的特性。以谜恋猫 NFT 游戏为例，A 拥有的蓝色猫咪价值 50 美元，B 拥有的彩色猫咪价值 100 美元，两只猫咪不能够彼此替代，而两只猫咪也不可以一分为二进行交易，因为每个 NFT 都拥有固定的信息，在区块链上不能够分割为更小的面额，这从根本上确保了 NFT 的不可替代性。

此外，通过建立公开可访问的智能合约，NFT 的所有权将永久保留在区块链当中。它的一系列权限都能够存储在中心化数据库之中，不会随着交易平台的消失而消失，而是永久性保留。基于此种特性，NFT 的所有权及元数据能够进行溯源，其资产内容和价值都可以得到公开性验证，从根源打击数字资产的假冒行径。

因此，NFT 能够作为数字资产的加密凭证，明确数字资产的价值、归属，既增强了数据资产交易、流通的效率，又能够有效解决数字资产的确权问题，降低防伪成本。

4.2.2 版权上链，助力数字资产流通

有很多创作者都遭遇过自己发布在网上的作品被他人盗用的情况，面对这种情况，即使创作者有再多的创作热情也会被冷却。互联网的开放性和数字内容的可复制性本身就容易导致盗版横行的问题，再加之人们对数字版权

的不重视，也助长了盗版内容的气焰。创作者的维权成本也十分高昂。

而版权上链可以完美地解决这一问题。NFT 能够将数字内容转化为具有明确版权的数字资产，确权之后就能够保证数字资产的唯一性与真实性，而这也保证了数字资产的价值不会受到损害。被铸成 NFT 之后，每件数字资产都会有独一无二的编码，原来能够被随意复制的内容此刻就已经具备了资产属性和稀缺价值。而且区块链不可篡改，还可以追本溯源，NFT 在其中的流通也将变得更加透明和安全。

除此之外，NFT 还能够让创作者获得更多收益。当下虽然也存在 UGC 平台，但是创作者所获得收益还是要抽成付给平台。而元宇宙作为完全去中心化的世界，创作者能够在其中将自己创作的 NFT 作品直接出售给买方，无须分享收益给平台。而且在之后 NFT 作品的每一次流转过程中，创作者都可以获得相应的收益，不仅解决了中间商抽成的问题，还能够实现创作者的长期盈利，更加有助于激发创作者的创作热情。

4.2.3　NFT 与数字藏品的关联与区别

从概念上来说，NFT 与数字藏品既有联系又有区别。NFT 是基于区块链技术的一种应用，可作为通行代币体现数字内容的经济价值。而数字藏品是通过区块链技术，对特定的艺术品生成唯一数字凭证，在保护数字版权的基础上，实现数字艺术品的发行、购买、收藏、使用等。从范围上来说，数字藏品是 NFT 的一种，但国内的数字藏品与国外的 NFT 存在诸多不同，主要表现在三个方面。

第一，国外的 NFT 多存在于公链上，而公链对所有人开放，这意味着任何人都可以在其中读取数据、进行交易等。同时，国外的 NFT 也缺乏监督和管控。而国内的数字藏品大多存在于联盟链上，同时联盟链处于国家的管理之下，更加安全可靠。

第二，在数字内容方面，国外的 NFT 发行往往缺乏版权审核，而国内的数字藏品在经过内容审核后才能够上链发布。

第三，国外的 NFT 往往表示的是将数字内容代币化，核心并不是传递数字文创作品，展现数字版权的价值。国内的数字藏品通过版权上链，将艺术品转化为数字藏品，使得数字藏品的价值得以锚定，传递的是其中数字文化要素的价值。

当前，为保证市场的稳定，我国允许数字藏品的发行、购买、收藏和使用，但对数字藏品的二次交易进行了严格限制。当前互联网大厂旗下的数字藏品平台，如阿里巴巴旗下的鲸探、腾讯旗下的幻核等，都不支持数字藏品的二次交易。

同时，基于数字藏品在品牌营销、文化传播方面的重要作用，我国数字藏品一级市场迅速发展，入局者越来越多。据不完全统计，截至 2022 年 6 月，我国大大小小的数字藏品平台已经突破 400 家，发行的数字藏品种类丰富，包括非遗文化、体育、金融等多方面的数字藏品。

此外，各大 IP 也表示了对于数字藏品的青睐。品牌 IP、文旅 IP、影视 IP 等推出数字藏品屡见不鲜。这显示了数字藏品能够为 IP 赋能。数字藏品作为一种连接 IP 与消费者的手段，能够吸引更多年轻消费者关注 IP，从而实现品牌营销和文化传播。

元宇宙带来的新数字经济不仅需要新基建的支持，也需要内容的填充。数字藏品在这方面的意义是巨大的。数字内容生产、数字藏品转化等对于未来人们的精神消费具有深远意义。

数字藏品所代表的数字内容生产是元宇宙经济系统中的重要组成部分，能够与实体经济互相补充，实现叠加赋能的效果。

4.3 乘风而起，数字藏品市场爆发

NFT 技术能够将数字内容转化为数字资产，使其展现出更大的收藏价值。基于此，数字藏品集中爆发，市场逐渐火热。从类型上来看，当前数字藏品主要分为艺术类数字藏品、游戏类数字藏品、项目类数字藏品等。

4.3.1 艺术类数字藏品：广受市场追捧

艺术藏品本身就是藏品市场非常受欢迎的一类，同样，艺术类数字藏品在数字藏品市场上也热度不减。艺术类数字藏品不仅具有很高的收藏价值，也具有很高的欣赏价值，而且它的管理与保存成本也十分划算。

最知名的艺术类数字藏品莫过于 2021 年 3 月拍卖出的数字作品《每一天：前 5000 天》。这幅作品由数字艺术家 Beeple（毕普尔）创作，最终以 6934 万美元的价格成交，刷新了数字艺术品的拍卖记录。中标者最终会得到一个有作者亲笔签名的加密数字文件。

同样在 2021 年 3 月，北京悦·美术馆举办了“DoubleFat 双盈——首届 NFT 加密艺术展”，有 200 余位艺术家参展。在开幕式上，某位艺术家将自己的一幅画作铸成了 NFT 艺术品，为了明确这件艺术品的版权，该艺术家当众将这件画作原稿焚烧。最终，这件 NFT 艺术品以 40 万元的价格成交。

对于艺术品收藏市场来说，数字艺术品的火爆降低了大众欣赏艺术品的门槛，对于传播艺术品的价值也起到了助力作用。艺术家创作的艺术品不仅在现实世界中有价值，在元宇宙中同样具有价值。

4.3.2 游戏类数字藏品：游戏道具数字化

NFT 与游戏的结合催化了游戏类数字藏品的产生。基于 NFT 的赋能，游戏中的角色、服装、土地等，都可以转化为数字藏品。这也赋予了游戏道具更大的价值：除了游戏功能外，其也具备了收藏价值。

以区块链游戏 Axie Infinity 为例，在游戏中，每一个游戏角色 Axie 都是一枚 NFT，拥有独特的编码，具有收藏价值，如图 4-3 所示。

图 4-3　游戏中多样的 Axie

玩家首先需要购买一定数量的 Axie，再通过饲养、繁殖获得新的 Axie，将 Axie 出售后，玩家就可以获得收益。无论是 Axie 具有的 NFT 的属性还是其展现出的价值，都提升了其收藏价值。同时，Axie 的珍稀度有高有低，繁殖出的 Axie 珍稀度越高，其收藏价值同样也会越高。

除了区块链游戏外，一些传统手游也在尝试引入数字藏品。例如，网易旗下的手游《阴阳师》在 2022 年 5 月推出了“守护的契约”活动。玩家可以通过完成任务活动获得大熊猫公益卡片数字藏品。

同时，收录该活动的阴阳师数字藏品馆中除了该活动外，还设置了手办数字藏品板块。其中，多款手办都推出了买手办送数字藏品活动，实现了产品买一送一。

当前，游戏类数字藏品已经渐成趋势。众多游戏厂商纷纷通过发布游戏 IP 形象数字藏品、游戏内上线数字皮肤、引入 NFT 道具等进行数字藏品的实践，探索游戏发展的方向。

4.3.3　项目类数字藏品：多系列 NFT 项目出现

项目类数字藏品为某企业、某创作者发布的一系列 NFT 产品。这些

NFT 产品风格类似，数量有限，同样具有收藏价值。

2021 年 8 月，NBA 球星斯蒂芬·库里花费了约 18 万美元购买了一个 BAYC（Bored Ape Yacht Club，无聊猿游艇俱乐部）推出的 NFT 作品，并将其用作推特头像。这一举动引发了人们的热议，随着“库里头像”的话题登上社交媒体热榜，越来越多的人开始好奇 BAYC 的来历。

BAYC 是一个描绘猿猴各种面部表情的 NFT 项目，其中的每一个 NFT 头像都是独一无二的，如图 4-4 所示。

图 4-4　BAYC 中的 NFT 作品

在出售这些 NFT 头像时，BAYC 同时会授予买家 NFT 头像的所有权和商业使用权。这意味着，交易完成后，买家不仅可以在社交平台上使用 NFT 头像，还可以以此形象设计并销售产品，如书籍、漫画、衬衫等。

这些 NFT 头像一经推出就受到了人们的热捧，一时间，推特上出现了大量的猿猴头像，戴着太阳镜的猿猴、长着兔子耳朵的猿猴、穿豹纹服装的猿猴等，每一个 NFT 头像都是一只与众不同的猿猴。该系列 NFT 头像上线后，一万张 NFT 头像在一天内全部售罄，彰显了 NFT 头像的火热。

此外，微众银行于 2022 年 1 月推出了数字藏品“福虎”。该数字藏品项目规模较大，总发行量为 20.22 万张。用户可以免费领取、分享、查询等，但不支持转赠和交易。同样在 2022 年 1 月，北京银行推出了“京喜小京”数字藏品。该系列数字藏品以春节传统文化习俗为设计灵感，将红包、糖葫芦等传统年俗元素与小京形象结合打造数字藏品，共有 2022 个。每个数字藏品都有唯一标识，用户可以永久保存但不支持进行交易。

4.4 隐形机会：多元化的 NFT 体验

NFT 市场中存在怎样的机会？这一新奇产品能够带给人们怎样的体验？人们既可以以创作者的身份进行 NFT 铸造，也可以以收藏者的身份进行数字藏品收藏。同时，对于企业而言，推出数字藏品已经成为趋势，未来，市场中的数字藏品将会更加多样。

4.4.1 以创作者体验：借平台铸造 NFT

当前，市场中已经出现了不少 NFT 平台，如鲸探、NFT 中国等，支持用户进行 NFT 铸造并出售。人们可以借助这些平台尝试铸造 NFT 作品。

以 NFT 中国为例。NFT 中国是一个数字艺术综合交易平台，致力于打造人人参与的 NFT 生态，搭建“区块链 + 内容 + 社区”的元宇宙。其秉承与用户“共创，共享，共治”的理念，帮助用户进行 NFT 铸造，满足收藏者们的需求。

那么，用户应怎样铸造 NFT？登录 NFT 中国官网后，用户需要填写用户名、邮箱、密码，成为注册用户。然后，用户需要购买创作燃料、回到主页选择“开始铸造 NFT”选项。

之后，用户便可以上传作品，填写信息，包括作品信息、作品标签、作品属性、价格等。这里需要注意，作品一旦上传便不能修改，如果信息填写错误，就会损失购买燃料的费用。另外，作品定价要做好成本计算。除了此前支付的购买燃料的费用外，用户还需要向平台支付 Gas 费和商品售价的比例分成。因此，用户为商品定的价一定要高于自己的支出。

最后，作品上传完成后，需要等待平台审核（一般审核时间为半天到一天）。审核通过后，用户就能和买家交易了。

就市场中的整体形势而言，虽然已经出现了一些支持用户创作的 NFT 平台，但仍存在一定的门槛。

一方面，当前市场中 NFT 的内容创作方一般为企业或知名艺术家，二者联合发布 NFT 已经成为趋势，实现了从创作、铸造到发行全链条的覆盖。例如，2022 年 6 月，易车与知名设计师袁泽铭携手推出了企业品牌 NFT 作品，并在腾讯旗下 NFT 平台幻核上成功发行。在当前市场中，不少 NFT 作品都有企业或知名艺术家的背书，在这种情况下，没有背书的普通作品难以获得较多关注。

另一方面，创作者在铸造 NFT 的过程中需要付出一定的成本，而 NFT 作品能否被售出是未知的。为了更好地售出作品，创作者需要尽可能地提升作品的艺术性和欣赏性。这意味着，要想通过铸造 NFT 获得收益，创作者首先要创作出精彩的数字作品。

总之，个人可以以创作者的身份进入 NFT 市场。但在激烈的市场竞争中，创作者只有具备过硬的创作能力，才能够真正成为 NFT 市场中的掘金者。

4.4.2　以收藏者体验：寻找准高潜力数字藏品项目

除了作为创作者之外，人们还可以成为数字藏品的收藏者。当前，市场中出现了形形色色的数字藏品，怎样才能在其中找到更有价值的藏品？在这方面，收藏者可以分析不同的数字藏品项目，明确不同项目的收藏潜力。具体而言，收藏者需要关注数字藏品项目的以下方面，如图4-5所示。

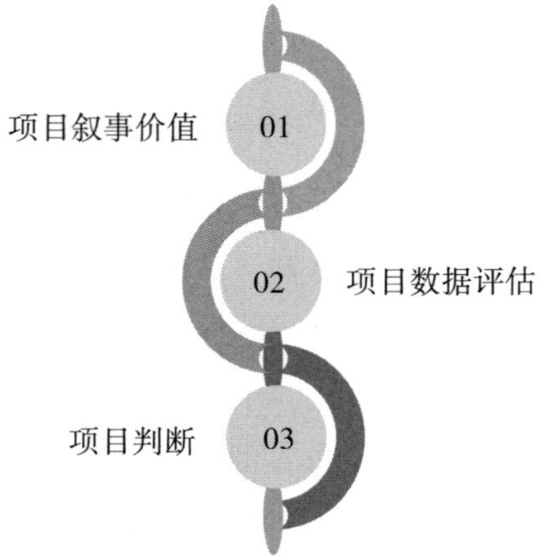

图 4-5　分析 NFT 项目的主要方面

1. 项目叙事价值

一方面，收藏者需要评估项目的质量和发行方的可靠程度。如果数字藏品的发行门槛不高，就会很容易出现模仿、抄袭等问题。收藏者需要了解数字藏品的设计创意，了解发行方的影响力等，进而分析数字藏品的收藏价值。

另一方面，收藏者需要分析项目的愿景，分析项目的吸引力。以 BAYC 为例，为什么这些 NFT 头像能够吸引买家购买？ BAYC 的创立理念为“每一个投身于区块链领域的猿猴都实现了财富自由”，这无疑说出了很多收藏者的心声。并且，交易完成后，买家拥有该猿猴的版权，可以以此形象设计并销售产品，如书籍、漫画、衬衫等。

2. 项目数据评估

在项目数据评估方面，收藏者可以关注以下要素。一是关注项目社群的活跃程度、粉丝数等。数字藏品十分依赖于市场活跃度，市场活跃度越高的数字藏品项目，其数字藏品的价格也会越高。收藏者可以到官方的媒体渠道了解项目动态，或在官方的聊天频道了解项目活动和社群的活跃度。二是关注市场成交记录。收藏者可以在 NFT 数据平台 NFTGO 上查看数字藏品的历史交易数据。三是基础设施数据评估，其中包括安全性、生态建设程度、IP 资源等。

3. 项目判断

收藏者需要分析项目处于什么发展阶段，是发展的早期、中期还是成熟期；是否具备稳定的竞争优势；长期的投资逻辑是否清晰；是否符合行业大趋势等。

综合以上分析内容，收藏者可以了解具体数字藏品项目的优势和不足，也可以在多个项目的综合分析中找到最具有收藏价值的项目。

4.4.3　企业推出数字藏品已成趋势

知名 IP 往往拥有众多的粉丝，而 IP 与数字藏品的结合能够引发粉丝对于数字藏品的热情。例如，美国经典 IP《美国众神》品牌旗下的 250 份 Technical Boy（科技小子）系列数字藏品发售 5 分钟便告罄。

为了抓住市场红利，一些一起开始依托 IP，推出各种具有影响力的数字藏品。以支付宝为例，2021 年 6 月，支付宝限量发布了敦煌元素的两款数字藏品。该数字藏品一款为敦煌飞天，一款为九色鹿，都是基于敦煌美术研究所的敦煌 IP 而设计的，体现了浓厚的敦煌壁画风格。用户可以以 10 支付宝积分加 9.9 元进行兑换，将其设置为付款码皮肤。

2022 年 6 月，支付宝联动街机格斗游戏拳皇，推出了 4 款拳皇多场景应用皮肤数字藏品。该系列数字藏品分 4 个时段阶段性发售，每个时段每款藏品限量 5000 份，售价为“59 积分 +9.9 元”。

支付宝多款数字藏品的推出显示了阿里巴巴在数字藏品方面的探索，也展示出了企业入局数字藏品的一种形式：企业可以联合知名 IP 或以自身旗下 IP 为切入点，推出有影响力的数字藏品，如和知名艺术家合作推出数字藏品、和全球知名的动漫 IP 合作推出数字藏品、以自身游戏 IP 推出数字藏品等。

不论是艺术家还是动漫 IP，其核心价值就在于自带流量，能够吸引粉丝为数字藏品埋单。在市场需求下，数字藏品能够被顺利销售，同时买家也可以通过持有数字藏品获取后期升值带来的利润。从盈利的角度看，与 IP 结合推出数字藏品是企业探索 NFT 领域的可行途径。

第 5 章

元宇宙文娱：打造“元娱圈”新场景

2020 年以来，受新冠肺炎疫情的影响，线下文娱项目发展受阻，文娱产业的线上化发展加深，与互联网的融合更加深入。文娱产业作为第三产业，是现代人离不开的精神食粮。影视、时尚、音乐、娱乐游戏构成了庞大的文娱体系。元宇宙对各行各业的赋能自然也包括文娱产业，虚拟数字人成为娱乐圈新星、虚拟主持人尽职尽责播报新闻、元宇宙游戏为用户人生提供更多种可能性。这些都是元宇宙为文娱产业带来的改变，同时也是元宇宙为人类社会带来的重大改变。文娱是从元宇宙概念上获得收益的主要行业。元宇宙赋能文娱产业，将打造“元娱圈”新场景。

5.1 文娱新探索：多样文娱活动场景融入元宇宙元素

元宇宙对文娱产业的赋能是一场“人、物、场”的重构，无论是演唱会、直播间等文娱场景，还是主持人、歌手、演员等文娱从业人员，抑或是大数据、游戏引擎等高端技术，元宇宙对文娱产业的赋能真正做到了将元宇宙元素融入各样文娱活动场景之中。

5.1.1 虚拟世界融合影视制作

元宇宙和影视制作的关系十分密切。在元宇宙未出现之前，电影是描绘元宇宙的重要手段，而元宇宙的发展又将深刻影响影视制作。例如，电影《头号玩家》、电视剧《黑镜》等都对未来虚拟世界进行了描绘，而当前，随着影视特效、动作捕捉等影视制作技术的进步，影视行业逐渐被重塑，在虚拟世界中观看电影成为现实。

例如，游戏开发商 ARVORE 就推出了 VR 动画短片 *The Line*。与传统电影不同，观众可以与短片中的虚拟环境互动，以推进故事剧情。基于互动影片的创新，该短片在 2020 年获得黄金时段艾美奖。再如，在动画系列电影 *Lustration* 中，观众可以从多个角度观看故事，同时可以成为电影场景中的一部分，沉浸式欣赏电影中主角的表演。

此外，一些公司正在尝试将影视制作引入虚拟世界。2022 年 7 月，影视制作公司 Meta Hollywood 宣布将与元宇宙平台 The Sandbox 和好莱坞星球集团合作，在虚拟世界中建立一个以好莱坞为主题的虚拟外景电影工作室。观众可以在其中参观各种主题场景，参与红毯首映活动等。

影视制作是文娱领域的重要内容，伴随着虚拟技术的进步，虚拟世界与影视制作的融合将成为趋势。其中，虚拟世界中虚拟场景、虚拟演员与影视制作的融合已经成为现实。

1. 虚拟场景

2021 年 11 月，爱奇艺借助虚拟技术将影视剧《风起洛阳》中的场景“不良井”进行了复刻，搭建了一个近乎真实的虚拟场景。随后，该虚拟场景成为新影片、MV 等影视内容的拍摄场地。在影视内容拍摄过程中，虚拟场景可根据需要不停变换，更能够满足拍摄需求。

当前，虚拟场景在影视制作中已经变得比较常见。相比现实场景而言，虚拟场景不仅可以根据需求不断变换，还能够展示出现实世界中不存在的场景，在体现影视内容创新之外还可以带给观众更新奇的体验。

对于制作团队而言，虽然搭建虚拟场景的前期需要投入较高成本，但基于场景的可重复利用性，可以长久地为企业带来收益。

2. 虚拟演员

《金刚狼 3：殊死一战》中的主演被粉丝亲切地称为“狼叔”。作为一位超级英雄，“狼叔”在电影中的精彩打斗场面给众多粉丝留下了深刻印象。例如在山林间，“狼叔”高高跃起足有几十米，而后重重一爪击中敌人，这一场面令很多粉丝直呼过瘾。

实际上，这一场面是由“狼叔”吊着威亚加以后期合成技术完成的，包括“狼叔”重重挥出去的一爪也是由数字仿生技术合成的。因为演员本人不可能将钢铁植入手掌随意伸缩，由演员本人跳高几十米再安稳落地完成这个动作，显然是不切实际的。该影片在创作过程中就用到了“狼叔”的数字替身。

此外，电影《银翼杀手 2049》中同样用到了数字替身。《银翼杀手 2049》作为银翼杀手系列的新作，围绕女主角瑞秋展现了一个新的故事。但时隔 30 多年，扮演瑞秋的演员已经衰老。为了解决这个问题，电影以数字替身再现了女主角年轻时的容貌。

在《金刚狼 3：殊死一战》中，数字替身可以代替演员完成各种高难度动作，展现出更精彩的画面，同时保障演员的安全。而在《银翼杀手 2049》中，数字替身真实展现了演员年轻时的容貌，让影视制作突破了时间的限制。

由此可见，数字替身可以解决影视制作中的许多问题。一方面，电影在拍摄过程中可能会遇到演员因自身原因不能完成拍摄任务，也会在拍摄电影续集时面对演员衰老的问题，而这时数字替身就可以派上用场。导演可以请替身演员进行表演，再通过 CG 制作、渲染等技术生成演员的形象，顺利完成拍摄。数字替身既弱化了演员能力不足的影响，也能够为制作公司节省时间与片酬，有效解决了由于演员自身问题影响 IP 延续性的众多问题，也是保护影视 IP 可持续发展的重要手段。

另一方面，除了真人扮演的数字替身外，还可以在电影中打造出完全虚拟的角色。例如，在影视制作中，动物的戏份往往较难拍摄。为了保证电影制作水准、拍摄进度，可以借助虚拟技术创造出合适的动物形象，展现出更有想象力的画面。例如在电影《少年派的奇幻漂流》中，就以高超的 CG 技术制作出了无比拟真的虚拟老虎形象。虚拟的老虎可以完成各种影片需要的动作，如自然的移动、摇摆尾巴、在大洋中游泳等。

除了在某一电影中出现的虚拟演员外，在技术的支持下，虚拟演员也成为一些虚拟数字人的职业，形成了征战影视领域的文娱元宇宙 IP。

2022 年 6 月，“2022 网络影视奥斯卡”金骨朵盛典成功举办。在一众获奖演员中，一名虚拟演员显得格外引人注目，她就是荣获“年度工业化革新技术奖”的虚拟演员“虚拟鹤追”。虚拟鹤追是虚拟影业推出的虚拟演员，自出道以来，其在众多动画作品中饰演了重要角色，如在动画《雄兵连》一、二季中，饰演重要角色帝蕾娜；在动画《长剑风云》中出演女主角贺将等。

虚拟鹤追凭借多部出色的作品，给观众留下了深刻印象，也证明了虚拟演员模式运行的可行性。随着影响力的不断提升，虚拟鹤追也产生了更高的 IP 价值。同时，虚拟演员成为文娱元宇宙 IP 也为“动画如何打造 IP”的问题提供了新解法，即除了让动画作品成为 IP 外，动画中的角色同样可以成为 IP 并不断延伸。

未来，虚拟技术与影视的融合将推动影视产业的发展。已经故去的演员可以在影视剧中重现，形成 IP 的虚拟演员也会越来越多。这在推动影视制作模式变革的同时，也会产生丰富多样的影视内容。

5.1.2 “元创时代”脱实向虚的时尚行业

后疫情时代，展示出虚拟空间无限发展潜力的元宇宙概念大获发展，而嗅觉敏锐的时尚行业也纷纷将发展的目光瞄向了脱实向虚的数字世界。数字时装正在悄然融入人们的生活。

在虚拟时装与实体时装联动方面，早在 2016 年，Louis Vuitton（路易·威登，以下简称 LV）就已经在虚拟人物领域进行了布局，邀请《最终幻想 XIII》中的游戏角色“雷霆”穿戴 Series 4 系列服装。同时，在跨界破圈方面，LV 与游戏《英雄联盟》达成合作，为其中的两名主角打造了两款至臻皮肤。二者的联动大大激发了玩家的消费热情，引得众多玩家纷纷买单。此外，该系列也推出了实体联名服饰，同样受到了消费者的喜爱。

在虚拟时装周方面，数字化的虚拟时装周成为各大品牌关注的焦点。数字化的虚拟时装周不仅节省了品牌准备时装周的时间、精力、资源等，还能够在满足品牌与设计师发布新品需求的同时，扩大时装作品与品牌的影响力。

2002 年 3 月，上海迎来了为期三天的“2022 秋冬上海时装周”，除了线上秀场联播外，多样的数字服装也为观众带来了耳目一新的感官体验。不少品牌都将数字服装加入到了当季新品名单中。元宇宙平台 Decentraland 也在 2022 年 3 月举办了一届元宇宙时装周，包括时装秀、快闪店一系列活动，吸引了诸多虚拟品牌与在数字服装进行探索的实体品牌参与，是一次非常有意义的尝试。

此外，在数字时尚潮流的风口下，一些专注于数字服装的数字时装品牌趁势崛起。虚拟时装品牌 Tribute Brand 就是其中的代表。在 Tribute Brand 的电子商城里，用户可以购买各种款式和颜色的虚拟服装。之后，用户可以将购买的服装添加到自己的照片上，并发布到社交网络中，如图 5-1 所示。

图 5-1　Tribute Brand 旗下虚拟服装

Tribute Brand 引领了数字时尚的潮流，展现出了巨大的发展潜力。在元宇宙备受关注的当下，越来越多的品牌开始探索数字时尚，而 Tribute Brand 已经在该领域占据了先机。未来，在逐渐成熟的元宇宙中，数字时尚将成为主流，而 Tribute Brand 这类数字时装品牌也将获得更好的发展。

虽然虚拟世界无法满足现实生活中衣食住行这些基本需求，但是，在精神和物质文化高度发展的今天，我们如今的时尚文化行业更加注重品牌的文化价值与传承。在未来，时尚行业传统匠人精神需要保留，同时也应该拥抱变化，接纳数字化，让时尚行业在虚实之间完成进化与迭代。

5.1.3 虚拟偶像：火热市场展现无限掘金潜力

我国偶像产业对元宇宙及虚拟现实的运用，目前主要聚焦于打造完全的虚拟偶像。

2021 年 7 月，BML-VR 演唱会（Bilibili 大型线下全息演唱会）在上海梅赛德斯奔驰文化中心举办，门票在短短时间内就售罄。在该演唱会上，虚拟歌姬洛天依闪亮登场，为现场观众献唱了《万分之一的光》《香草茶与黑咖啡》等成名歌曲，引发了众多粉丝欢呼。

作为知名的虚拟偶像，洛天依早已大火出圈，受众也不局限于二次元用户。她曾与京剧名家合作演绎《但愿人长久》、与琵琶大师合作演出歌曲《茉莉花》、与当红明星合作表演歌舞《听我说》等。此外，洛天依还成了多家品牌的代言人，并走进了品牌带货的直播间。

除了洛天依等老牌虚拟偶像不断破圈之外，新兴的虚拟偶像也不断涌现，得到了更多关注。根据艾媒咨询发布的《2022—2023 年中国虚拟人行业深度研究及投资价值分析报告》，当前市场中的虚拟人百强名单如表 5-1 所示。

表 5-1　2022 年上半年中国虚拟人百强榜名单

排名	虚拟人形象	运营厂商	金榜指数
1	洛天依	上海禾念	89.46
2	柳夜熙	创壹科技	83.62
3	嘉然	乐华娱乐	82.00
4	冷鸢 yousa	B 站、彩虹社	81.04
5	乃琳	乐华嫔乐	79.88
6	Hanser	B 站、彩虹社	79.64
7	贝拉	乐华娱乐	79.49
8	小妮	京东	79.09
9	伽乐	乐华娱米	79.06
10	向晚	乐华娱乐	79.02
11	凌魂少女（凉然、暖沁）	美的华凌空调	78.81
12	言和	上海禾念	78.70
13	yoyo 鹿鸣	米哈游	78.33
14	多多 poi	B 站	78.29
15	冰糖 IO	B 站	78.27
16	集原美	集映画	77.98
17	乐正绫	上海禾念	77.94
18	元七七	元气联萌	77.81
19	虚拟鹤追	虚拟影业	77.75
20	新小微	新华社、搜狗	77.73
21	墨清弦	上海禾念	77.46
22	苏小妹	蓝色光标	77.40
23	沐岚	霍巴科技	77.36
24	RICH BOOM 乐队	爱奇艺、万象文化	77.04
25	祖娅纳惜	B 站、彩虹社	76.90
26	菲菲	非凡传媒	76.72

续表

排名	虚拟人形象	运营厂商	金榜指数
27	爱夏	硅基智能	76.52
28	屈晨曦	屈臣氏	76.49
29	苏朵朵	万像文化、淘宝	76.45
30	小小撒	央视	76.43
31	安未希	联通沃音乐	76.28
32	果果	人民日报社	76.26
33	扇宝	齐鼓庆化、酷狗科技	76.19
34	VIVI 子涵	齐乐无穷	76.11
35	马当飒飒	博采传媒	76.10
36	琥珀・虚颜	狗尾草科技	75.99
37	小布	OPPO	75.98
38	Reddi	世悦星承	75.98
39	菜菜子 Nanako	B 站、彩虹社	75.89
40	琉璃 Liliko	厦门优他	75.82
41	李未可	李未可科技	75.77
42	金桔 2049	千橘文化	75.75
43	夏行美	蜜枝科技	75.75
44	乐正龙牙	上海禾念	75.74
45	新科娘	CCTV 新科动漫	75.72
46	叶修	阅文集团	75.71
47	AI 王冠	中央电视台	75.71
48	领 -LING	次世文化	75.71
49	班长小艾	虚谷科技	75.69
50	七海 Nana7mi	B 站、彩虹社	75.62
51	阿喜	独立创作人 jeese、动图宇宙	75.58
52	风雾月	蜜枝科技	75.56

续表

排名	虚拟人形象	运营厂商	金榜指数
53	小可学妹	B 站、彩虹社	75.56
54	章楚楚	上海望乘	75.51
55	M 姐	美即品牌	75.42
56	时间小妮	北京广播电视台	75.38
57	勺 Shaun	B 站、彩虹社	75.36
58	星尘	平行四界（北京福托）	75.35
59	Virce	世悦星承	75.28
60	荷兹	企鹅影视、哇唧唧哇	75.26
61	Aryn 教练	清睿教育	75.23
62	Liz 栗子	SuperELLE	75.21
63	Vila	世悦星承	75.18
64	申䒕雅	上海广播电视台	75.17
65	可可	网易	75.16
66	蜜球兔	B 站、彩虹社	75.15
67	崔筱盼	万科	75.13
68	小糖	商汤科技	75.07
69	星瞳	QQ 炫舞	75.04
70	露露娜 Ruruna	B 站、彩虹社	75.03
71	涂山苏苏	凯漫文化	75.02
72	瑞英 Reve	B 站、彩虹社	75.02
73	惑姬 Waku	B 站、彩虹社	75.01
74	高月公主	玄机科技	74.97
75	AI 主播小明	光明日报	79.93
76	许星悠	左手上篮	74.90
77	雾深 Girimi	B 站、彩虹社	74.87
78	小 C	央视网	74.86

续表

排名	虚拟人形象	运营厂商	金榜指数
79	苍穹	平行四界（北京福托）	74.84
80	小山宝	花脸数字	74.83
81	迪丽冷巴	次世文化	74.79
82	西宇鸣	西门子（中国）	74.78
83	未央	天翼爱音乐	74.76
84	魔魔マラ	B 站、彩虹社	74.75
85	小安妮 Anni	元境数字科技	74.71
86	雷米 Remi	B 站、彩虹社	74.56
87	花西子	花西子	74.52
88	开心姐姐	金拱门（中国）	74.46
89	田野柴 Tanoshiba	B 站、彩虹社	74.46
90	小有加 plus	B 站、彩虹社	74.43
91	小浦	浦发银行	74.43
92	小茉莉	爱奇艺	74.42
93	央小天	央视频	74.39
94	梅涩甜	山魈映画	74.39
95	AYAYI	燃麦科技	74.31
96	度晓晓	百度	74.31
97	红棉小冰	红棉小冰	74.28
98	小美	京东	74.24
99	紫嫣 (Violet)	华夏动漫	74.22
100	康晓辉	央视	74.21

由表 5-1 可知，市场中的虚拟人形象十分丰富，科技公司、传媒机构、娱乐公司等都是推出虚拟人形象的主体，其中，娱乐公司推出的虚拟偶像在市场中占据了半壁江山。为什么许多娱乐公司都在尝试推出或签约虚拟偶像？相比真人偶像，虚拟偶像在运营方面展示了诸多优势。首先，当前

市场中，真人偶像“塌房”的现象时有发生，而虚拟偶像的人设更为稳固，不存在“翻车”的风险。其次，在个人能力方面，真人偶像往往需要经过长时间的技能练习才能够成功出道，周期较长，而借助 AI 技术，虚拟偶像能够快速掌握唱歌、跳舞等技能，缩短变现周期。最后，娱乐公司在安排真人偶像的通告时，需要根据其时间分配妥善安排档期，而虚拟偶像可以全天候、长时期工作，没有其他事项的干扰。相比较于真人偶像，虚拟偶像更加可控、更加稳定，更具商业化价值升值空间。

在打造虚拟偶像时，往往一个优秀的故事就能够树立起其人设，并展现出清晰的变现路径。以柳夜熙为例，2021 年 10 月 31 日万圣节之际，柳夜熙在抖音成功出道，凭借一条短视频，在一天的时间内吸引了超过百万粉丝，如图 5-2 所示。

图 5-2 柳夜熙

该短视频就讲述了一个奇幻且十分吸引人的故事，将柳夜熙的性格、人设等充分表现了出来。故事的一开始，正在化妆的柳夜熙吸引了围观人群的关注，众人议论纷纷却不敢上前。只有一个小男孩勇敢地走上前询问柳夜熙是谁，而突然出现的鬼怪将故事拉向了高潮，随后柳夜熙猛然出手，将鬼怪收服后淡然回眸："我叫柳夜熙。"

整个故事不仅剧情完整，还突出了柳夜熙淡然的性格和捉妖的能力。从造型到人设，柳夜熙都与当下流行的二次元虚拟偶像以及时尚的虚拟网红大相径庭。她的出现展示出了虚拟数字人更强的破圈能力，对于新生代的目标客户群，柳夜熙的人设更能勾起受众的猎奇心理。

首先，虽然市场中已经出现了不少超写实的虚拟数字人，但展示方式仍以静态图片为主，即使有一些动态视频，虚拟数字人的表情也并不丰富。在这方面，柳夜熙有了很大突破，其宣传短片有完整的世界观架构，人物形象塑造也更加饱满。

其次，故事性极强的短片可以作为一部无限发展的剧情的开始。这使得柳夜熙可以跨越两个领域：虚拟数字人领域和短剧故事领域。而短剧故事又迎合了抖音、快手等短视频平台的发展，未来在更多的、精妙的短剧故事的支持下，柳夜熙将在短视频平台获得更大的曝光量。

最后，从盈利的角度来说，为虚拟数字人设定一种盈利模式是十分重要的。而柳夜熙在产生之时就已经锁定了一个赛道：以美妆达人征战美妆领域。这意味着柳夜熙有明确的商业化赛道准备，有稳定的发展方向。垂类的人设不仅聚焦了柳夜熙的技能属性，也为跨领域合作提供了更多的可能性。

正是因为做到了以上几个方面的突破，柳夜熙才更容易破圈，一时间吸粉无数。

当前市场中，不少虚拟偶像已经发展得较为成熟，展现出了较强的掘金能力。诸多真人偶像可行的商业模式都可以复制到虚拟偶像的运作中。例如，虚拟偶像可以发表单曲、登上综艺节目，也可以为其他品牌代言，获得代言收益。同时，虚拟偶像还可以走进直播间，通过直播获得打赏与带货收益。此外，公司也可以推出虚拟偶像的一系列周边，实现多维度的变现。

总之，基于虚拟偶像的稳定性和变现潜力，其将在未来获得进一步发展。同时，伴随着元宇宙的发展，虚拟偶像也将在未来展现出更强的多样性。在更先进技术的支持下，除了公司之外，个人也可以成为打造虚拟偶像的主体，甚至可以以虚拟化身成虚拟偶像。

5.1.4　元宇宙音乐：虚拟音乐世界带来惊喜

新冠肺炎疫情的出现为音乐演出行业蒙上了阴霾。为激活行业，从业者们打造了一场又一场的线上演唱会，但隔着屏幕的线上演唱会却缺失了现场观看演出的沉浸感。而元宇宙音乐演出的出现不仅能够为观众带来全新的音乐体验，更为整个音乐行业的发展注入了一针强心剂。

元宇宙音乐与传统的音乐有何不同？元宇宙音乐具有区别于传统音乐的三大特点，如图 5–3 所示。

图 5–3　元宇宙音乐的三大特点

1. 人物的虚拟化

在元宇宙音乐演出中，表演者和观众均以虚拟形象出现在演出现场。表演者在舞台中的虚拟形象可以千变万化，创造出奇幻的舞台效果，其本身的各种表演动作都可以通过动作捕捉实时展现在虚拟形象身上，提高表演的真实感。同时，观众也可以以虚拟形象在演出现场自由移动，与表演者或其他观众互动等，感受更真实的现场感。

2. 音乐演出的虚拟化

元宇宙音乐可以实现音乐演出的虚拟化。现实音乐演出中的舞台场景、灯光、烟花等，都可以在虚拟世界中实现。同时，基于虚拟世界不受限的特性，太空音乐会、海底音乐会等各种超越现实的音乐场景都将会实现。

在虚拟音乐演出方面，不少企业都进行了探索。例如，Epic Games 就曾在旗下游戏《堡垒之夜》中召开过多场虚拟演唱会。《堡垒之夜》是一款第三人称射击游戏，拥有村庄、城镇以及完整的世界观架构。在游戏中，玩家将化身独特的虚拟形象，参与保卫家园的战斗，还能在闲暇时间开派对、逛街、交友。

2022 年 6 月，流行歌手星野源在《堡垒之夜》中举办了一场别开生面的虚拟演唱会。星野源作为虚拟演唱会“SoundWave”（声浪）的嘉宾，将为游戏玩家带来一场 72 小时不间断的沉浸式视听体验。

在此次虚拟演唱会中，玩家可以进入一个由 3D Lab 创作者团队打造的虚拟演唱会互动空间，在新奇、梦幻的虚拟演唱会现场享受星野源带来的多首流行歌曲。演唱会现场被灯光、鲜花所覆盖，同时，伴随着歌曲的变化，玩家所处的环境也会不断变换。在沉浸式享受虚拟演唱会的过程中，玩家还可以在现场自由跳舞，随音乐节拍尽情摇摆。此外，作为参与虚拟演唱会的奖励，玩家还会获得大量经验值以及演唱会限定道具。

同时，不少歌手也进行了元宇宙音乐方面的尝试。2022 年 4 月，说唱歌手史努比·道格在元宇宙平台 The Sandbox 中发布了歌曲“House I Built”的独家元宇宙音乐视频。该视频主要内容包括乐队 DJ 的虚拟化身表演和史努比·道格的一些虚拟现实体验。而这段音乐视频也正是史努比·道格为后续的元宇宙音乐会举办所做的铺垫。

此外，很多歌手的虚拟化身也走到了现实生活中。2022 年 5 月，在伦敦伊丽莎白女王奥林匹克公园中，有 4 位 ABBA 歌手展示了精彩的表演，但他们并非真人，而是虚拟数字人。更令人惊奇的是，现场观众完全不需要佩戴任何设备就可以直接观看这场虚拟演出。

3. 音乐、门票、周边的 NFT 化

在元宇宙音乐中，音乐、门票以及音乐周边等都可以实现向 NFT 的转化，产生音乐 NFT、NFT 门票、NFT 音乐周边等。

（1）音乐 NFT

音乐 NFT 可以是一首歌曲、一段音乐视频、一张专辑等。音乐 NFT 类型可以分为三种：只有一个的、单独的音乐NFT作品；限时段开放铸造的开放版音乐NFT作品；限量版音乐NFT作品。单独的音乐NFT作品基于其稀缺性具有更高的价值，而另外两个版本的音乐NFT作品更有利于音乐作品传播和提高粉丝忠诚度。

在当下基于唱片公司和平台的商业模式下，作为创作者的音乐家获得的收益往往较少。而音乐NFT的出现为音乐家独立创作提供了途径。音乐家可以直接从音乐创作的知识产权中获利，而不需要依赖第三方机构。同时，音乐家还可以从音乐NFT作品的二次销售中获得版税收益，增加整体收入。未来，音乐NFT有望进一步改变当前的音乐产业和商业模式。

（2）NFT门票

在传统演出中，门票对于主办方来说是一次性收益，售完即止，即使门票在后期进行了二次销售，主办方常常也不能从中获得收益。同时，限于市场规则，门票的定价在公开后是无法进行调整的，而主办方在定价时往往难以预估门票的市场价值，为了保证演出效果，主办方往往采取较为保守的定价策略。

在这种情况下，NFT门票的出现将大大提高主办方的收入。在铸造NFT门票时，主办方可以在智能合约中规定门票每一次交易中成交价格的一定比例归自己所有，从而获得二级市场门票收益。

3.NFT音乐周边

在传统演出中，主办方推出一场音乐活动的同时也会打造许多音乐周边产品，如演唱会主题服装、胸针、公仔、抱枕等。而音乐周边的NFT化将拓宽主办方的收入途径，除了各类传统的音乐周边外，主办方还可以发布演唱会主题的虚拟服装NFT、虚拟游戏道具NFT等，获得更多收入。

例如，2020年4月，美国说唱歌手特拉维斯·斯科特在《堡垒之夜》中举办了一场名为“Astronomical”（天文学）的演唱会，吸引了超过2770万玩家前往观看。同时，此次演唱会除了推出音乐会T恤、外套外，还推出了《堡垒之夜》斯科特游戏专属皮肤和其他限时游戏道具，为NFT音乐周边的发展奠定了基础。

元宇宙音乐是文娱领域在元宇宙这个新概念下的新尝试。当下，元宇宙音乐已经展现出了较为清晰的发展路径，未来，以虚拟形象观看虚拟演出和音乐、门票、周边的NFT化等都将得到进一步发展，音乐行业将实现更深层次的变革。

5.1.5 虚拟直播：芒果超媒以《潮音实验室》探索直播新形式

2021年9月，芒果超媒推出的《潮音实验室》正式开播。《潮音实验室》由随幻科技和芒果TV联手打造，是一款以音乐为载体，融合了多种创新表现形式的先锋艺术直播平台。

《潮音实验室》首期节目就是虚拟演唱会的说唱专场，整场节目都采用虚拟实时直播技术进行直播，这在直播节目中还是首次。《潮音实验室》虚拟演唱会采取了实时动态捕捉、XR、3D全息投影等多种元宇宙相关技术，能够在有限的演播室空间内实现空间的无限制转换，演唱会的舞台将突破物理空间的限制，歌手可以在任意时空中表演。同时，《潮音实验室》还采用了独特的灯光效果和音响效果，360度的多机位拍摄直播能够为观众带来全场景的虚实交互观看体验，打造出亦真亦幻的沉浸式3D现场。

芒果超媒作为在长视频领域内的龙头企业，在元宇宙文娱方面早已做好了完全的布局计划。芒果超媒相关负责人表示，在《潮音实验室》首播的同时，芒果TV已经在5G、AI、XR技术领域展开布局，将自主研发互动剧制作平台，打造VR应用实验室，聚焦XR虚拟制作领域，在元宇宙芒果生态体系中进行战略布局，并会陆续推出相关产品。

5.1.6 虚拟化影视制作：华策《刺杀小说家》实现虚拟拍摄

2022年1月，浙江华策影视股份有限公司正式宣布成立元宇宙新业务部门，及时把握数字化时代先机。相关报道指出，华策影视此次宣布进军元宇宙，主要是由于《刺杀小说家》电影的成功，因此想要乘胜追击，在虚拟数字人、VR/AR 等领域展开布局。

《刺杀小说家》严格意义上并不是元宇宙版权，但它是首次完整地在影片拍摄全过程中采用动态虚拟化拍摄系统的影片。在宣传之初，虚拟拍摄手法就引起了大量关注。因为影片内需要有大量的“小说异世界”场景出现，而为了构建出这一独特场景，《刺杀小说家》采用动态面部表情捕捉和虚拟拍摄的手法将其完整地呈现了出来。

而影片中的女主角需要呈现大量的高难度动作场景，同时剧情设定了女主角会在不同的时空中遇见多个自己。为了更好地呈现这一剧情逻辑，影片还采取了实时动作捕捉、3D 立体投影等技术，首次开拓了电影数字虚拟形象。在众多先进技术的加持下，《刺杀小说家》成为 2021 年十分受欢迎的电影之一，票房突破 10 亿元。

5.1.7　虚拟娱乐消费：元宇宙造物节 + 元宇宙音乐节

2021 年 7 月 17 日，第 6 届淘宝造物节在上海举办。此次造物节主打“沉浸式”和“个性化”。在造物节会场中，游客就仿佛置身于时空交汇的中心，富有二次元特色的戏院、古代科学家的实验室、小说中的天机阁、《山海经》中的珍奇异兽等众多各具特色的场景分布在会场的 4 个大区中。

无论是二次元爱好者，还是钟情古风的手工爱好者，抑或是喜爱美食的游客，都可以在造物节中体验到沉浸式游览的快乐。特别是在占地 3 万平方米的超大寻宝密室中，主办方在其中采用了 AR、人工智能和 3D 全息投影等多种技术，辅以烘托气氛的灯光、音效，成功为游客营造出了古代密室的阴森氛围。而在珍奇异兽馆中，除了蛇、守宫等少见的小众宠物，主办方还采用 3D 全息投影、人工智能等技术展示出了《山海经》中的众多上古神兽。吸引了不少游客慕名而来。

今年的麦田音乐节将于2022年9月举行，此次麦田音乐节主题为“超时空歌会”，是一场真正的元宇宙概念下的音乐节演出，将以全过程虚拟演出的形式举办。

此次麦田音乐节并非简单地将线下音乐节形式照搬到线上进行网络直播，而是会采用实时动作捕捉、3D全息投影、AR等技术，打造出一场集梦幻、科技感于一体的元宇宙音乐节。据有关人士透露，此次音乐节将采取“真实艺人＋虚拟场景实时渲染”的形式，在艺人表演之时，艺人所处的场景也将发生相应的变化，为观众带来一场超现实的舞台盛宴。

日新月异的技术能够带来新的感官感受。对于娱乐行业来说，虚拟现实技术已经成为其新的生产力，能够最大限度地带给人们感官上的享受，相信在不久的将来，虚拟现实技术会带给人们更多新的体验和惊喜。

5.2 游戏细分领域获得突破性发展

游戏是文娱领域的重要板块。游戏为元宇宙的落地提供了合适的土壤，例如当今很多元宇宙平台都离不开游戏引擎的支持，而元宇宙又为游戏提供了更多的操作空间，二者彼此影响，共同成长。

5.2.1 游戏为元宇宙的搭建提供基础

元宇宙与游戏经常被戏称为“孪生兄弟”，这并非没有一定道理。游戏与元宇宙存在诸多相似之处，元宇宙为游戏赋能，游戏也为元宇宙的发展提供了基础。游戏对于元宇宙的支持主要表现在三个方面，如图5-4所示。

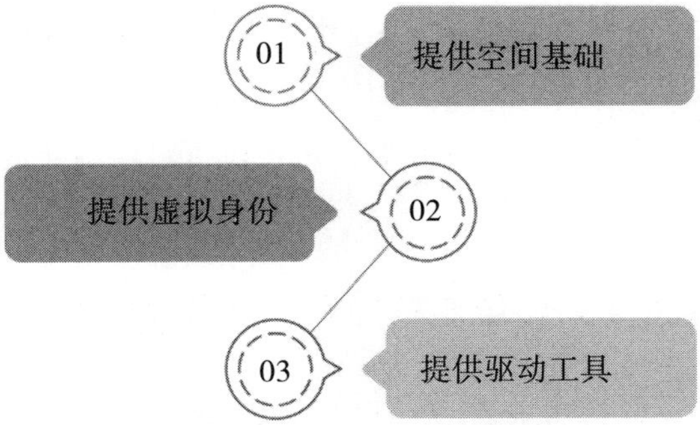

图 5–4　游戏对于元宇宙的支持

1. 提供空间基础

游戏创造出的虚拟空间是有限的，而元宇宙则是可以无限扩展的。从空间范围而言，元宇宙的范围远大于游戏所创造出的虚拟空间的范围，但在元宇宙发展初期，游戏所创造出的虚拟空间为元宇宙的发展提供了空间基础。例如《GTA5》就是一款开放世界游戏，玩家可以在名为洛圣都的城市中自由探索；Pokemon GO 则根据现实世界打造了一个虚拟的 AR 世界。无论是开放世界还是 AR 世界，都是元宇宙的展现方式之一。而元宇宙需要在此基础上继续扩张边界，以容纳持续产出的数字内容。

2. 提供虚拟身份

无论社交、娱乐还是工作、学习，用户在任何一个场景当中都需要一个身份。例如，网易《一梦江湖》手游就可以根据用户的真人形象进行捏脸并创造角色，用户在其中可以是行走江湖的侠士，也可以是钓鱼隐居的隐士。但是，同一个账号虽然能够拥有多个角色，角色之间却并不互通。而元宇宙则不同，以 Roblox 为例，虽然在该平台上有很多游戏，但所有游戏都使用同一个虚拟身份，用户黏性很强。

3. 提供驱动工具

很多大型开放世界游戏都需要性能极高的显卡带动，以元宇宙这种能够持续产出内容的体量来看，它需要更加强大的引擎驱动能力，游戏引擎的升级就可以极大地增强它的驱动能力。例如，游戏行业内的虚幻 5 和

Unity 3D 引擎就是典型的高端引擎，GPU 粒子功能、仿真物理光照模型等功能的加入，也让其具有了能够支撑一个超大体量虚拟现实世界的可能。相信随着技术的发展，借助游戏引擎，元宇宙也将会有更亮眼的表现。

5.2.2 多重变革，传统游戏向元宇宙游戏进发

2021 年以来，各行各业都在暗暗用劲，想要在元宇宙中占得优势。游戏行业的很多厂商都申请注册了元宇宙的商标，并以自身游戏为基础，探索元宇宙游戏。

例如，知名沙盒游戏《我的世界》中就融入了诸多元宇宙元素。《我的世界》主打开放性世界观，创造性非常强，玩家在其中可以利用各种模块搭建出各种场景，有玩家搭建出了 QQ 飞车的赛道，可以和朋友联机在其中赛车，也有玩家在其中搭建出了演唱会舞台，可以和朋友在上面来一场大型演出。总之，在《我的世界》中，玩家可以产出各式各样的可互动内容。

为了进一步丰富游戏中的内容，《我的世界》和多个 IP 都进行了联动，例如马里奥、愤怒的小鸟、巴斯光年等诸多精彩角色形象都被引入其中。很多高校也在《我的世界》中举办了迎新典礼和毕业典礼，让不能够在线下相聚的师生在其中相聚。

除此之外，很多玩家还在其中搞起了科学研究。曾有一位玩家在《我的世界》中搭建出了第一代计算机的模型机，并且还能够成功运行。对于很多人来说，《我的世界》不仅是一款游戏，更是一个无所不能的大世界。

传统游戏如果想要升级为元宇宙游戏，仅仅引入元宇宙元素显然是不够的，还需要完成三方面的改革。

首先，由于当前 VR 技术并不完全成熟，很多玩家在游戏过程中会遭遇卡顿、掉线的问题，而随着未来 XR 技术的发展，这些问题都将迎刃而解。除此之外，虚拟场景与现实世界的结合也能够为玩家提供更加丰富、真实的可互动场景。

其次，元宇宙作为一个大型虚拟现实世界，多人同时在线是最基本要

求。通过网络运算技术的提升，元宇宙游戏将能够支持海量用户的同时在线和交互，服务器和游戏运算将放到云端，大大降低了对用户终端设备的要求，元宇宙体验游戏门槛也大大降低。

最后，游戏引擎、AI 等技术也将为元宇宙的内容持续生产贡献极大力量，更多的游戏玩家将转变为游戏创作者，元宇宙游戏的边界也将不断扩展。

5.2.3　游戏 UGC 平台发展，用户成为游戏内容创作者

除了以自身游戏进行元宇宙探索外，一些企业并不聚焦某一游戏，而是聚焦用户的创作需求，进行游戏 UGC 平台的开发。自元宇宙火热以来，游戏 UGC 平台大获发展。

Roblox 就是这方面成功的典范。其打造了一个集体验、开发于一体的 3D 创意社区，允许用户自由创作内容，已成为全球最大的游戏创作平台。而 Roblox 的成功也使得这一赛道聚集了越来越多的参与者。

2021 年 11 月，珠海沙盒网络科技有限公司（以下简称“沙盒网络”）获得 2 亿元融资。公司披露，将把这笔资金用于元宇宙产品研发和 UGC 生态建设。

沙盒网络通过技术和用户积累，推出了游戏平台 Blockman Go 和开发者平台 Blockman Editor。同时，两款产品是基于自主研发的游戏引擎而产生的，这也为平台上的开发者提供了技术支撑。

沙盒网络的发展目标是打造一个所有用户都愿意生活在其中的虚拟空间。而这一目标的实现可以分为三个阶段。

阶段一：通过多样的游戏内容吸引用户，并以此形成一个月活跃量过千万的虚拟社区。

阶段二：通过赋能创作者形成自下而上的内容生产模式，不断完善平台中的内容生态。

阶段三：结合平台服务和用户创意，打造一片能够让用户获得优质体验、帮助用户创造价值的线上生活乐土。

目前，沙盒网络的游戏 UGC 平台已拥有 500 万左右的日活跃用户以及 20 万左右的月活跃开发者，处于第一阶段逐渐向第二阶段转变的状态。

沙盒网络的游戏 UGC 平台有哪些优势？一方面，平台具有很好的兼容性。一些用户使用的设备内存较低、中央处理器较弱，Blockman Go 针对这些设备进行了优化，以保证用户有流畅的游戏体验。另一方面，沙盒网络具备更接地气的本土化能力。其在不同的国家有不同的本地化运营团队，能够根据本地区用户的建议进行个性化优化。

5.3 多角度入局，拆解元宇宙文娱赛道的商业机会

如果想更深入地在元宇宙文娱产业中细致布局，就要从多角度入局，细分拆解元宇宙文娱赛道，在激烈的竞争中把握住元宇宙商业机会。其中，无论是影视公司、音乐公司、游戏厂商、传媒公司或短视频直播平台，都可以从元宇宙文娱赛道中找到合适的入局机会。

5.3.1 影视公司：多维度延伸拓展盈利渠道

元宇宙的爆发为影视制作带来了更大的想象空间：未来，观众不仅可以与影视作品中的角色处于同一时空，体验沉浸式观影，还可以与这些角色进行互动，甚至改变剧情走向。同时，越来越多的虚拟演员将融入影视制作中，为观众带来新奇体验。

在这种想象空间之下，影视公司入局元宇宙成为一股潮流。例如，唐德影视宣布将关注元宇宙、NFT、虚拟数字人等方向，布局虚拟数字人业务；华策影视已经成立元宇宙业务部门，将在数字影棚、虚拟形象、影视艺术 NFT 三个方向发力。具体而言，影视公司入局元宇宙文娱有三种路径。

1. 聚焦 NFT，发布影视相关数字藏品

国内市场中，《雄狮少年》《风起洛阳》等影视作品都与 NFT 平台合作发布了数字藏品。以《风起洛阳》为例，2022 年 1 月，其与数字藏品平台薄盒 Mints 共同携手发布了以电视剧为主题的数字藏品，包括场景数字藏品和道具数字藏品等。道具数字藏品如图 5-5 所示。

图 5-5　《风起洛阳》道具数字藏品

在国际市场中，很多拥有经典 IP 的影视公司，如拥有《黑客帝国》IP 的华纳兄弟、拥有电影《沙丘》IP 的传奇影业，以及拥有众多著名 IP 的迪士尼，都已经发行了 IP 相关的数字藏品。总之，对于影视公司而言，只要拥有知名 IP，就可以 IP 推出数字藏品。

2. 打造虚拟数字人

打造虚拟数字人也是影视公司布局的重要方向。在这方面，华策在电影《刺杀小说家》中，通过动态虚拟化拍摄的手法打造了“赤发鬼”“黑甲”等虚拟形象，并计划持续在虚拟数字人领域布局，探索影视制作的新形式。对于影视公司而言，以虚拟数字人作为虚拟演员进行影视制作，能够规避过于依赖真人明星的弊端，让影视内容生产变得更加可控。同时，经过不断运营，虚拟演员也可以聚集起大量粉丝，通过直播、代言等获得多元化收入，潜力值得关注。

3. 元宇宙里的 IP 运营

在元宇宙中，影视 IP 的价值不只体现在数字藏品打造方面，也体现在

IP 内容的持续运营方面。元宇宙能够开启影视 IP 虚拟世界的探秘入口。在传统互联网中，观众在观看影视作品时往往只能以局外人的视角观看，而在元宇宙中，观众可以深入参与到影视内容中，与其中的主角互动，体验其中的情境等。

未来，随着影视 IP 与元宇宙的进一步融合，多元化的影视产品将会出现，如更加沉浸的互动式电影、基于影视 IP 创作的线上剧本杀等。作为 IP 的所有者，影视公司将逐渐转型为元宇宙中的内容服务商，凭借自身 IP 和创作能力，创造出更多的故事和玩法。

5.3.2 音乐公司：与平台合作探索音乐新模式

元宇宙的火爆出圈深刻影响了音乐行业的发展，一个音乐新时代正在逐渐形成。观众不再需要准时抢线下演唱会的门票，只需要通过 VR 设备就可以进入虚拟演唱会现场；歌手也不再受到演唱会现场的限制，能够借助虚拟技术为观众带来视听融合的超级沉浸感。

基于元宇宙与音乐结合的发展潜力，不少音乐公司都将元宇宙视为未来发展的重要方向，并做出了积极尝试。具体而言，元宇宙音乐方面的入局途径主要分为两种：一种是与 NFT 平台合作，推出音乐相关 NFT；另一种是与元宇宙平台合作，尝试打造元宇宙音乐场景。

1. 与 NFT 平台合作，推出音乐相关 NFT

2021 年 5 月，华纳音乐与 Genies 达成合作。Genies 是一家虚拟形象技术公司，其可以为华纳音乐旗下明星开发虚拟道具 NFT 和 3D 虚拟形象，如虚拟服装或虚拟配饰等。这些虚拟道具 NFT 可供明星的粉丝们购买并在社交媒体上使用。

除了华纳音乐外，环球音乐同样与 Genies 达成了合作，借 Genies 为旗下明星打造虚拟形象。同时，环球音乐与数字藏品平台 Lime Wire 签署了一份协议，以向旗下所有明星开放 Lime Wire 收藏品市场。环球音乐旗下的明星可以在 Lime Wire 市场中销售音频、视频、图像等内容。

2. 与元宇宙平台合作，尝试打造元宇宙音乐场景

除了与 NFT 平台合作以外，音乐公司与元宇宙平台合作打造元宇宙音乐场景也越来越普遍。

2022 年 1 月，华纳音乐与元宇宙平台 The Sandbox 达成合作。华纳音乐将在该平台中创建一个虚拟空间，打造一个充满音乐元素的游乐园，同时为明星举办虚拟音乐会提供场地。

另一家音乐公司 Spotify 则与沙盒游戏平台 Roblox 达成了合作，将在该平台中打造一个虚拟音乐空间，将旗下的音乐流媒体服务融入到虚拟世界中。在这个虚拟空间中，Spotify 将打造多样的游戏化社交中心。用户可以在这里与诸多明星互动、完成游戏化的任务并访问音乐内容。

当前，通过以上两个途径布局元宇宙音乐的音乐公司变得越来越多，未来，在更多音乐公司的共创下，元宇宙音乐的规模将持续扩大，越来越多的音乐从业者、用户等将参与其中。在元宇宙中举办演唱会、发布音乐 NFT 作品等，将成为未来音乐人的标配。

5.3.3　游戏公司：全方位布局游戏领域

元宇宙概念爆火之后，大型游戏公司都加入抢注元宇宙商标的队伍中来。米哈游、网易等互联网厂商先后注册了“米宇宙”“网易元宇宙”等商标。同时，微软、腾讯等游戏厂商也在投资、收购有潜力的游戏公司或工作室。

1. 微软

2022 年 1 月 18 日，微软宣布以 687 亿美元的价格收购全球顶尖游戏公司动视暴雪。微软表示，此次收购将加速公司移动、PC、云端等方面游戏业务的增长，为发力元宇宙提供基石。

游戏与元宇宙在诸多方面存在契合性，这使得很多企业在布局元宇宙时都会从游戏方面入手。而作为全球顶尖的游戏公司，动视暴雪在游戏领域具有诸多优势。一方面，动视暴雪是全球知名的游戏发行商，业务涉及

主机游戏、PC 游戏、手机游戏等诸多方面，在长期的经营中积累了大量用户，月活跃用户超过 4 亿，形成了成熟的游戏社区。另一方面，动视暴雪旗下有《魔兽世界》《守望先锋》《糖果粉碎传奇》等知名游戏产品，形成了强大的游戏 IP 矩阵。凭借动视暴雪的这些优势，此次收购将大大提升微软的元宇宙竞争力。

2. 腾讯

在布局元宇宙方面，对内，腾讯重新调整了游戏研发体系的组织架构，将优化发行能力、提升工业化能力、推出更多新品类作为发展方向。对外，腾讯加大投资力度，将之前从未涉及的游戏品类统统收入麾下，仅半年，腾讯就投资了 43 家游戏公司，加大了对二次元、3A 主机游戏、精品游戏的投入。例如，腾讯以战略投资身份入股了“国产 3A 巅峰之作”——《黑神话：悟空》。

从投资风格上看，腾讯倾向于小金额、广撒网，尽可能多地覆盖游戏品类，和中小游戏工作室“交朋友”，例如，投资星海互娱、宙贯科技等尚处于产品研发阶段的公司。这样的投资风格表明了腾讯正在不断扩大投资覆盖面，寻找更多机会。

除了大型游戏厂商凭借深厚的资金实力和游戏领域经验在元宇宙市场大力招兵买马外，还有一些游戏公司开始聚焦具体的元宇宙游戏产品，以产品探索新出路。

以《迷你世界》为例。《迷你世界》是迷你创想旗下热度较高的一款沙盒游戏，它具有自由度高、随机性强的特征，玩家可以在其中自主交友、生产价值。有了这些基础，《迷你世界》向元宇宙进军便成为水到渠成的事情。

《迷你世界》公布了三大战略规划，如图 5-6 所示。

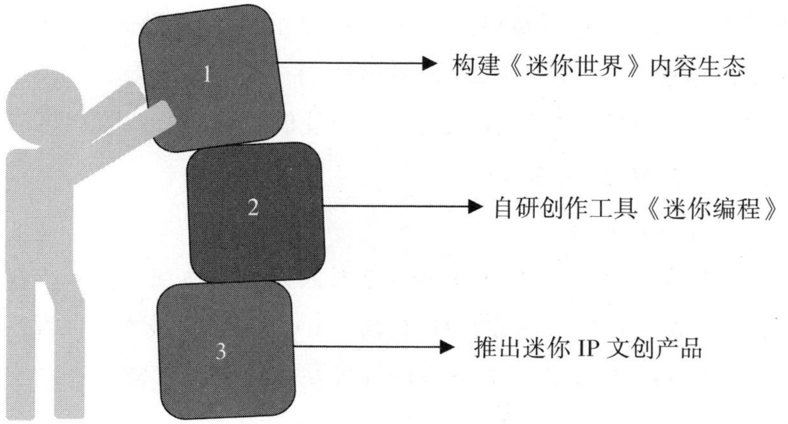

图 5-6 《迷你世界》三大战略规划

1. 构建《迷你世界》内容生态

在《迷你世界》里，创作分为 3 个阶梯：基础阶梯是用户在游戏过程中的创作；中级阶梯是用户在开发者模式下，创作更复杂玩法的作品，供其他玩家使用；高级阶梯是《迷你世界》面向工作室团队推出的 PC 端开发工具，制作效率和能力更强大。《迷你世界》目前有近 40 万认证开发者，他们是《迷你世界》内容生态的主要构建者。

2. 自研创作工具《迷你编程》

《迷你编程》于 2021 年 1 月上线，最高单日学习人数达 28 万人，日均学习时长达 58 分钟，这一数字是传统编程教育行业平均值的 2 倍。

《迷你编程》有三大特色：3D 沙盒引擎、游戏化教学模式、可联机操作。用户在其中可以利用数千种模型自由创作组合作品，同时还能够在游戏关卡中学到编程知识，还可以与朋友一起联机创作，实现团队开发。

3. 推出迷你 IP 文创产品

迷你创想推出 IP 潮玩品牌“MINITOYS”，发布动画电影预告片，希望建立迷你 IP 宇宙。MINITOYS 将游戏内的高人气 IP 制作成潮流产品，如盲盒、公仔、手办等。

无论是借助 VR、AR 为玩家带来沉浸式游戏体验，还是为玩家提供自主创作平台与工具，抑或是打通社交、购物等渠道，这些都体现了元宇宙游戏的发展趋势，也指出了游戏公司打造元宇宙游戏的不同路径。

具体而言，元宇宙游戏存在三方面的发展趋势，游戏公司可以聚焦这些趋势，进行新游戏产品的开发。

1. 聚焦沉浸式体验

沉浸式体验是元宇宙游戏在感官方面最突出的体现。未来，技术的进步将深化这种沉浸体验。例如，3D 扫描、3D 立体拍摄技术可以实现虚拟场景的智能生成和立体呈现；全息空间成像技术将深化虚实融合与交互。这些技术的应用将进一步增强玩家在游戏中的沉浸感。

2. 建立平台思维

在元宇宙游戏中，依托区块链、NFT、游戏引擎等技术，玩家可以成为游戏内容的创作者和游戏的所有者。在平台模式下，游戏内容制作的权利将从游戏公司转向玩家。游戏公司只需制定好游戏平台规则并提供创作工具，而玩家则会进行游戏内容的生产。同时，游戏的运营管理权力同样也将从游戏公司转向玩家。

3. 增强非游戏体验

元宇宙游戏的内容十分丰富，并不止提供游戏一种体验，而且可以涵盖社交、购物、办公等现实世界的各种活动。未来，将有越来越多的非游戏体验融入到元宇宙游戏中，在这种趋势下，虚拟社交、虚拟办公、虚拟演唱会、虚拟商店等将成为元宇宙游戏的重要元素。

总之，游戏公司在探索元宇宙游戏时，有必要了解以上元宇宙游戏发展的三大趋势，从其中一方面或多方面入手，深入探索元宇宙游戏。

5.3.4 时尚潮流公司：产出虚拟时尚潮流内容，打造虚拟 IP 及品牌

除了游戏公司外，时尚潮流公司也是元宇宙消费领域的主要入局者。打造新虚拟消费内容是其业务优势所在，而在元宇宙领域，许多时尚潮流公司开始尝试虚拟内容制作，产出具有元宇宙元素的虚拟时尚内容。

元宇宙时尚潮流创企世悦星承就是其中的代表。世悦星承成立于 2021 年 3 月，专注于元宇宙时尚潮流赛道的数字内容开发及运营，其中，新虚拟消费品牌和虚拟数字人是其聚焦的主要业务。世悦星承的业务模式被多方资本看好，短短一年半左右的时间里，其便获得了多轮融资。

2022 年 8 月 2 日，世悦星承完成两轮共计数千万元的融资，投资方有凯辉基金、新世界发展集团、X 美术馆、网易等。其中网易为世悦星承的老股东，早在 2021 年 12 月，世悦星承就获得了网易等资本的千万元的天使轮融资。而此次最新融资所获融资资金将用于公司扩展和团队优化，孵化更多的元宇宙虚拟时尚潮流品牌。

自创立以来，世悦星承获得了快速发展。在虚拟服饰业务领域，世悦星承已经获得了不俗的成绩，旗下的元宇宙潮流数字运动品牌 Meta Street Market 凭借大火的虚拟球鞋系列获得了千万营业收入，如图 5-7 所示。

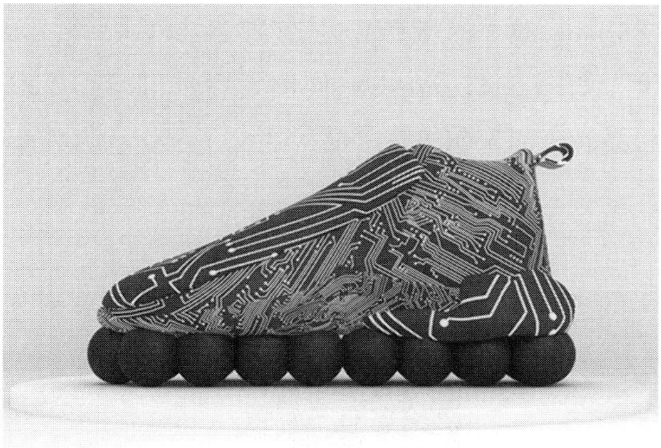

图 5-7　世悦星承推出的虚拟球鞋

在虚拟数字人业务领域，截至 2022 年 8 月，世悦星承已经推出了 6 位超写实虚拟数字人（如图 5-8 所示），先后与网易、88 rising、《Esquire 时尚先生》杂志等达成合作，获得了时尚界的广泛关注。

图 5-8 世悦星承旗下 6 位超写实虚拟数字人

其中，世悦星承旗下虚拟数字人 Vince（如图 5-9 所示）已经携手虚拟厂牌 PLAYGROUND 推出了元宇宙同名单曲《VINCE》，并于 2022 年 6 月正式在网易云音乐发行（如图 5-10 所示）。2022 年 9 月 Vince 的二单单曲——与同在 88rising 旗下的 W8VES 厂牌阿达娃跨次元合作曲《Real Love》也已正式上线（如图 5-11 所示）。同时，Vince 也与 LVMH 集团旗下的 Dior、德国耳机品牌森海塞尔等众多品牌达成了合作，为其产品代言。

图 5-9 虚拟数字人 Vince

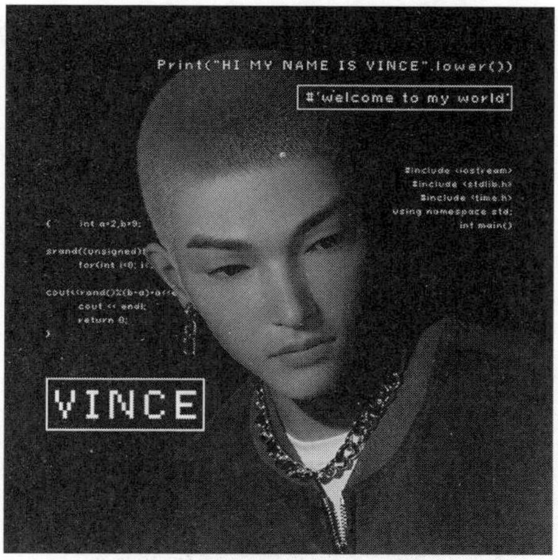

图 5–10　88rising 发行虚拟数字人 Vince 同名单曲《VINCE》

图 5–11　88rising 发行虚拟数字人 Vince 二单单曲《Real Love》

虚拟数字人 Reddi 受到多个品牌邀请参与了 2022 年 9 月举行的纽约时装周 NYFW 看秀。Reddi 也与开云集团旗下的 Gucci（如图 5–12 所示）、DFS 环球免税店（如图 5–13 所示）、Viktor & Rolf 等众多品牌达成了合作，为其产品代言。

图 5-12 虚拟数字人 Reddi 与 Gucci 合作

图 5-13 虚拟数字人 Reddi、Vila 代言 DFS 环球免税店

虚拟数字人 Nami 担任网易数字艺术总监一职（如图 5-14 所示），在数字艺术创作、展览、跨界合作方面探索着更多可能。同时，Nami 也与法拉

利（如图 5-15 所示）、皇冠假日酒店（如图 5-16 所示）等众多品牌达成了合作，为其产品代言。

图 5-14　网易首位数字艺术总监——虚拟数字人 Nami

图 5-15　虚拟数字人 Nami 与法拉利 Ferrari 合作

图 5-16　虚拟数字人 Nami 代言皇冠假日酒店

同时，世悦星承以虚拟数字人场景化落地为切入点，将陆续推出 Otamakee、Von11、MET@NEGA、RaRavila 等元宇宙时尚潮流数字品牌，在虚拟世界中的“人”“货”两大领域持续延伸，搭建多样的元宇宙内容场景。

此外，世悦星承还纳入了 Lilipoki、The Universe Life of Talo 等卡通形象 IP，并推出了 Web 3.0 AI 算法生成程序工具“Randomape”。面对极具潜力的元宇宙市场，世悦星承从 to B 和 to C 两个角度出发，进行着多元化的积极部署。

当前，元宇宙文娱市场中对于虚拟内容、虚拟 IP 的需求日益增长。例如，电视娱乐节目具有创新内容的需求、娱乐公司具有打造虚拟娱乐内容的需求、真人明星具有打造自身拟真虚拟 IP 的需求，各大品牌推出自有品牌虚拟 IP 也成为趋势。在这些需求下，掌握虚拟技术、虚拟数字人技术的传媒公司可以与电视节目、娱乐公司、真人明星、各大品牌等进行合作，为其提供虚拟内容，打造专属虚拟 IP 等。

在市场需求、资本支持的助力下，未来，聚焦虚拟内容制作与虚拟 IP 打造的公司将会越来越多。同时，当前的许多传统传媒公司也会进行相关新业务的探索。虚拟内容制作和虚拟 IP 打造、运营将成为传媒产业发展的新的增长点。

5.3.5　短视频直播平台：多方尝试，提升用户体验

短视频直播平台是文娱领域的重要阵地。当前，在元宇宙大火的趋势下，不少平台都在探索元宇宙直播领域的商业机会。

2022 年上半年，淘宝公布了其 2022 年直播营销的发力方向，其中虚拟主播和虚拟场景成为平台新的驱动力。2022 年 6 月，淘宝在“618 购物节”期间上线了元宇宙购物功能。为了打造虚拟会场，淘宝在几个月前就集合了很多专业技术人员，成立元宇宙项目组，对虚拟购物会场进行进一步完善。在虚拟会场中，消费者能够通过手机操控方向，指引虚拟人物在 3D 世界中逛街和购物。

同时，在“618 购物节”期间，不少品牌都以虚拟场景、虚拟主播等探索元宇宙直播间。例如，虚拟化身技术方案提供商相芯科技携手娃哈哈、森马、纳爱斯等多家品牌发布了 618 元宇宙直播间好物清单，并为这些品牌打造了虚拟主播，助力品牌探索元宇宙直播。

除了淘宝外，头部直播平台抖音也将元宇宙视作未来发展的新方向。2022 年 8 月，抖音上线了虚拟形象功能“抖音仔仔”，支持用户通过捏脸、换装等方式打造自己的专属虚拟形象（如图 5-17 所示）。同时，用户还可以为虚拟形象设置不同的心情，邀请好友合拍等。此外，“抖音仔仔”已经与迪士尼、海绵宝宝、奥特曼等知名 IP 形成联动，限时上线一系列知名 IP 元素的虚拟服装。

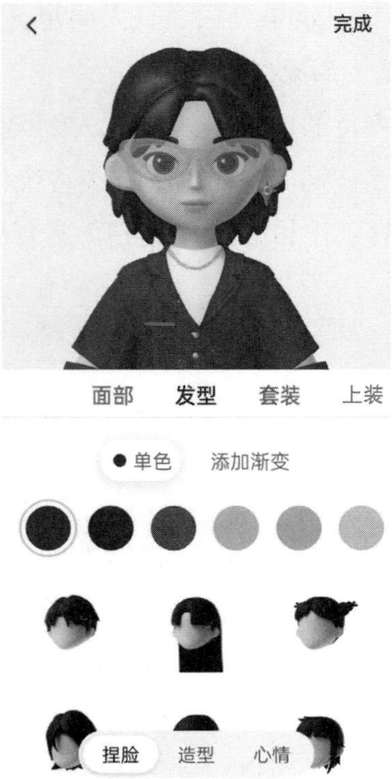

图 5–17　虚拟形象功能“抖音仔仔”

除了此次尝试外，抖音暑期限定活动“抖音夏日奇遇季”与虚拟偶像“默默酱”达成了合作，推出了线上迪厅形式的盛夏派对。该派对借鉴元宇宙直播的玩法，支持用户以虚拟化身出现在直播间里并与其他用户互动。整场活动获得了巨大的曝光量，其中单场成交额突破百万的直播间为 135 个，单场成交额突破千万的直播间为 15 个。

无论是打造具有虚拟元素的元宇宙直播间，还是上线虚拟形象功能，都体现了短视频直播平台在元宇宙方面的探索。当前，短视频直播平台正在尝试借虚拟化身将用户引入虚拟世界中进行娱乐、社交和消费，未来，伴随着平台探索的深入，直播间中不止会有虚拟的场景和虚拟主播，甚至还会出现虚拟的购物商城，而用户则能够以虚拟化身进入虚拟购物城中，在多样的娱乐、社交场景中更加自然地体验购物的乐趣。

从各平台、企业及团队的最新发布来看，文娱行业从业者的元宇宙意识已经觉醒，同时，元宇宙概念与技术在文娱领域中已经得到广泛的应用与关注。“元娱圈”将会成为娱乐圈新的发展阵地。

第 6 章

元宇宙文旅：打造文旅新观光模式

2021 年是元宇宙的“元年”，2022 年则是元宇宙进一步步入大众生活的“体验年”。元宇宙对人类社会的影响是全方位的，它不只对游戏、办公等与互联网密切相关的行业赋能，对于传统行业，元宇宙的赋能更能使其以焕然一新的面貌出现在大众面前。在传统的文旅产业中，元宇宙的加持使其突破了发展的局限，打造了文旅观光新模式，给文旅行业注入新生活力，使它在元宇宙时代焕发新的生机。

6.1　文旅突破局限，实现“沉浸式实景体验”

提到元宇宙，VR/AR 必不可少。对于元宇宙文旅产业来说，沉浸式实景体验无疑是最吸引游客的卖点。文旅产业存在游客多、排队久、体验差等诸多痛点，而 VR/AR 技术则为这些痛点带来了新的解决方案，沉浸式实景体验为这一传统产业注入了新的活力。同时，在各种先进技术的支持下，数字文旅将成为文旅行业转型的新方向。

6.1.1　三重突破，元宇宙激发文旅产业新活力

近年来，纵观国内外各大旅游城市和景区，沉浸式主题乐园、沉浸式展览馆层出不穷，为什么越来越多的旅游景区和城市会引入元宇宙相关技术和概念呢？究其原因，是因为元宇宙突破了文旅产业的三重局限，让这一产业焕然一新，如图 6-1 所示。

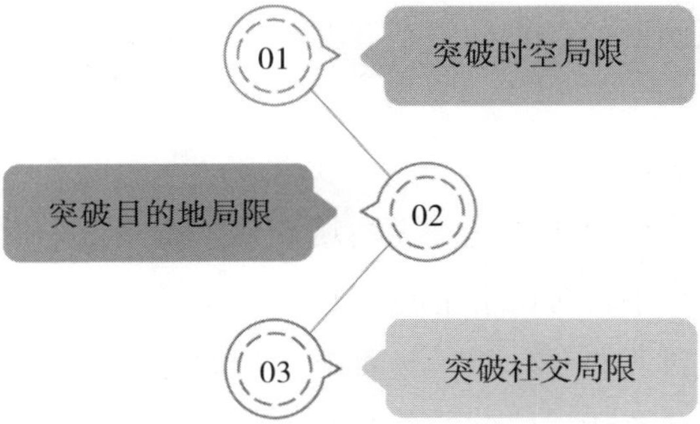

图 6-1　元宇宙突破文旅产业的三重局限

1. 突破时空局限

元宇宙是和现实世界平行的虚拟世界，二者彼此映射，彼此融合，没有明确的界限。而对于文旅产业来说，在这种现实与虚拟的交互中，游客会产生一种奇妙的体验，既处在安全的环境中，同时又可以去冒险，这种突破时空局限的感受会让游客欲罢不能。

传统的文旅产业是具有一定程度的不确定性的，它带给人们的体验都是现场和瞬时的。例如某个景区出演的特别歌舞节目，游客只有在现场才能体会到身临其境的氛围，只有在歌舞节目演出当时才会产生美的享受与体验。而在疫情期间，即使这些歌舞节目在媒体上播放，人们在家中也不会有美妙的感受。

而元宇宙则可以让这些文旅城市或景区在元宇宙中定义属于自己的空间，它突破了时空的局限，无论是何种事件改变了现实世界的旅游格局，在元宇宙这个虚拟世界中都不会受到影响。

2. 突破目的地局限

文旅产业中的目的地局限在现有交通工具能够到达的地球某个角落，而在元宇宙中，旅游目的地可以是人类所想象的任何一个地方，例如火星、月球等宇宙中的某个角落，又或者是火山口中心、太平洋海底等现在人类无法到达的区域。所有人类想象指向不可抵达的虚拟世界或真实世界都将在元宇宙中被创造出来，成为人类的旅游目的地，原本只能依靠影视或游戏才能出现画面的场景和情节，在元宇宙中都具备了沉浸式的交互体验感。

3. 突破社交局限

对于文旅产业中侧重文化方面的城市或景点来说，例如三星堆文化博物馆，在元宇宙当中，对这个主题或 IP 有兴趣的游客，就可以围绕三星堆中的概念或形象进行创作，极大地提升了游客的文化体验感。同时，在元宇宙的全新社交体系中，时间、空间与游客身份的重叠会产生新的社交组合，提升元宇宙文旅产业的消费与体验质量。

文旅的本质是追求精神享受，无论从商业角度还是从体验角度来说，元宇宙的赋能都为文旅产业带来了更大的成长空间。随着元宇宙相关技术的日趋成熟，文旅产业也将会迎来新一轮的百花齐放。

6.1.2 数字文旅，旅游模式得以更新

在当下的数字社会，人工智能、区块链、XR 等技术的迭代和在文旅行业的应用，使得旅游业态呈现多元化的趋势，模式也得到了更新。文旅行业向着数字文旅的方向不断深化。数字文旅以网络为载体，以数字技术、信息通信技术为工具，可实现数字内容与文旅产业的深度融合，实现文旅产业的新业态。

数字文旅的特征主要包括四个方面。

（1）借助各种数字技术，文物、文旅资源等可实现数字化。在此基础上，通过网络平台，游客可以便捷地搜索、了解相关文物和资源。珍贵文

物可以借助这种形式更广泛地出现在公众视野中。

（2）更高效的交互。凭借高效的网络平台，文旅商品交易、供求信息对接、文旅资源分享等也会变得更加高效。文旅资源供给方与需求方的交互效率将得到进一步提升。

（3）在人工智能、虚拟现实等技术的应用下，游客能够在游览风景、购买文旅产品等的各种场景中获得更优质的体验。云旅游、沉浸式演出等都将成为现实。

（4）游客可以通过网络门户、App、微信、微博等多种渠道获得旅游景区的全方位信息，旅游出行更加便捷。

总之，数字文旅能够展现更多创意，带给游客更多的沉浸感，让旅游变得更加高效、便捷。当下，旅游中的沉浸体验已经成为文旅消费者追求的热点，成为文旅产业发展的新动能。同时，要想推动数字文旅的深入发展，就需要融入元宇宙元素，将文旅场景搬进虚拟世界，实现文旅行业的更深层次的数字化。

元宇宙与数字文旅的融合将打造出更多的沉浸式文旅体验，展现出数字时代下的旅游新模式。

1. 元宇宙赋能大型文旅演出

在这方面，平遥古城 3D 灯光秀就展示了科技与艺术结合的盛宴。该场灯光秀全面覆盖了平遥古城迎薰门城墙。凭借三维立体声光电和三维楼体投影等技术，古城墙与动态灯光融为一体，展示了文旅界中现实与虚拟相互融合的新景象。

2. 元宇宙赋能艺术展

元宇宙所带来的沉浸式体验能够充分展现出文旅展馆的魅力，激发出线上展出的活力。例如，苏州寒山美术馆就举办了一场名为“分身：我宇宙”的艺术展，展示了元宇宙生态下的数字艺术探索。展厅分为“社区化元宇宙”“生物圈元宇宙”“平行式元宇宙”“非定域元宇宙”四个板块，同时运用 VR、AR、游戏引擎等技术媒介，展现了数字化身在元宇宙中的当下生态和未来场景。

此外，扬州大运河博物馆的“运河上的舟楫”展厅也应用了元宇宙相关的 AR、3D 展示等技术。在沉浸式古代场景中通过互动屏、AR 等交互技术展现古代舟楫的风姿。同时，该展览独创了“三维版画”数字媒体展示方式，通过多视角的递进展示，营造出了“人在画中游”的沉浸感，如图 6-2 所示。

图 6-2 “三维版画”数字媒体展示场景

3. 元宇宙赋能沉浸式游乐园

在这方面，以游乐场景为重要业务的迪士尼已经开始探索怎样在游乐项目中融入元宇宙相关技术，打造全新游乐体验。例如，迪士尼在旗下游轮的甲板上建立了一个名为“Aqua Mouse”（水游鼠）的游乐场。其中包括一条长为 230 米的滑水道，这里配备了各种音频、视频、灯光特效和迪士尼人物等，为游客打造了一个超级沉浸的童话世界。同时，游客还能够进入 3D 特效打造的虚拟世界中，在《冰雪奇缘》虚拟世界场景中沉浸式观赏艾莎和安娜的表演。

元宇宙与文旅的结合重新定义了文旅空间，让文旅场景不再局限于有限的物理空间，而在虚拟空间中实现了更多延展。未来，元宇宙与文旅的结合将通过各种数字形式，优化文旅内容呈现、激活更多流量、提高文旅体验，从而实现文旅效益的提升。

6.1.3　元宇宙 + 沉浸式乐园：迪士尼元宇宙新探索

若问儿童游客最喜欢的旅游目的地是哪里，答案大多是游乐园，旋转木马、碰碰车等游乐设施牢牢吸引着他们的目光。而成人游客却认为这些太过幼稚，他们在其中毫无体验感。而有了元宇宙赋能之后的游乐园则大为不同，成人游客对此表现出了比儿童游客更感兴趣的模样，越来越多的成人游客走进沉浸式乐园，体验全新的游客项目。

例如娱乐业巨头迪士尼，就是主题式乐园在元宇宙探索的急先锋。迪士尼主题乐园元宇宙的官方定义是："一个由虚拟增强的物理现实和现实持久性的虚拟空间相融合的共享魔幻世界。"迪士尼首席执行官表示："元宇宙是新一代的伟大故事前沿，值得我们去探索。"为此，迪士尼任命一名高管作为高级副总裁，负责"迪士尼元宇宙战略"，提升游客体验，讲好新一代的迪士尼故事。

迪士尼给出的主题乐园元宇宙方程式是："主题乐园元宇宙 = 数字 + 物理空间 + 数据 + 故事。"迪士尼乐园通过互联网和物联网将主题乐园与游客的收集等电子设备建立联系，采用可穿戴式 XR 设备，为游客营造出一种虚实共生的融合体验。

迪士尼邮轮的经典剧目《冰雪奇缘》是迪士尼早期探索数字技术与实体节目相结合的成绩之一。它结合了传统的剧院技术与运动追踪视频图形技术，创造了阿伦黛尔这一壮观的冰雪世界，为游客带来了前所未有的视听盛宴。

"星球大战：银河星际巡航舰"体验项目位于佛罗里达奥兰多沃尔特迪士尼世界度假区，是迪士尼元宇宙的典型代表。它复制了《星球大战》中的战舰内部场景，为游客提供可穿戴式 VR 设备，游客就可以在元宇宙中完成现实世界不可能完成的事情，例如驾驶飞船、探索外星球等。为了增加互动性，游客在体验角色的过程中，迪士尼会为其提供食物，当元宇宙中的角色品尝美食时，现实世界中的游客同样在品尝盛宴。并且游客还会获得个性化定制服务，探索《星球大战》冒险旅程之外的场景。

佛罗里达州的迪士尼动物王国则一直想为游客提供观察野生动物的新方式。他们计划将雷达技术与隐藏式摄像监视器和无人驾驶飞机的镜头相结合，将采集到的野生动物图像视频进行元宇宙的相关加工，让游客通过 AR 设备近距离直接观察野生动物。

相信在不远的将来，迪士尼能够在沉浸式主题乐园的领域取得进一步的好成绩，为全球游客带来更丰富的沉浸式体验。

6.1.4 元宇宙 + 沉浸式景区：《剑门长歌》实景灯光秀

沉浸式景区为游客提供的是可互动的沉浸式视听体验，通过灯光、烟雾等传统技术手段与 AR、VR、动作捕捉等先进技术相结合，构建一个虚实结合的可互动场景，让游客在其中能够沉浸式地游览、观赏和体验。

以四川省剑阁县华侨城剑门山景区为例。剑门关自古就被称为“天险”，被封为“诗仙”的李白曾在《蜀道难》中写道：“剑阁峥嵘而崔嵬，一夫当关，万夫莫开。”剑门山的天然崖壁可谓险绝，吸引了众多游客前来观赏。但是时间久了，游客就觉得剑门山好是好，可 1 公里长的景区步道走下来却有些枯燥，只听讲解员的讲解很难想象这里以前发生的战事。

2020 年 10 月，《剑门长歌》是全国首个利用实景灯光的崖壁演艺秀，其耗资将近 9 000 万元，填补了广元及川北地区大型夜间文旅灯光演艺秀的空白。

游客从剑门关南门进入，穿过石拱门，就到达了灯光秀现场。映入眼帘的是百米高的崖壁，也是灯光秀的天然幕布，从入口到关楼约 1 公里长的步道是景区的移动观景台。游客在步道上行走，只见四周光怪陆离，灯光、音效彼此呼应，随后将进入到剑魂现世、时空隧道、花舞人间、五丁开山、姜维神像、蜀乐盛典、稻香丰年、披甲上阵、以战止战、过关驱兽十大主题沉浸式体验的灯光秀。其中，过关驱兽场景如图 6-3 所示。

图 6-3 过关驱兽主题灯光秀

《剑门长歌》以“穿越 2400 年 沉浸 999 米”为主题，将剑门关的“天险”崖壁与灯光科技相结合，并且依托于全息投影、声效互动、AR 等技术，设置了多种通关互动式游戏，让游客在沉浸式互动体验中，深入了解秦灭六国、孔明立关等历史故事。

《剑门长歌》一场灯光秀大约需要 60 分钟观赏完，游客除了可以观赏精彩绝伦的灯光秀以外，还能够化身古人，利用 AR、VR 等设施，亲自开山劈石，与姜维、孔明等古人对话。很多游客在体验一次之后意犹未尽，又要返回演艺场入口重走一遍。

随着元宇宙文旅场景体验的不断延伸，景区的沉浸式体验转型升级将成为未来发展的主要方向，元宇宙无疑是文旅产业实现转型升级的理想平台。

6.2 各地布局元宇宙文旅，百花齐放

元宇宙作为时代新风口为文旅产业开启了新的场景。无论是文旅城市

还是文旅景区，各地纷纷开始布局元宇宙文旅，期待元宇宙能够成为推动当地文旅产业发展的新动力，为疫情后的线下文旅产业复苏提供新的经济增长点。

6.2.1 河南文旅：举办元宇宙大会，探索文旅新形式

2022年3月12日，河南智慧旅游大会在郑州召开。本次大会主题为“面向元宇宙，建设文旅美好新生活”，与会人员包括文旅行业代表、数字化企业代表、互联网企业代表等业内各界人士。在此次会上，大家围绕着元宇宙文旅展开了一轮又一轮的分享与研讨，各界人士互相交流、展示自己的成果，共同探索河南元宇宙文旅的发展空间。

与往届文旅大会不同的是，此次大会采取三种会议模式，一种是线上网易瑶台元宇宙会议空间，一种是线下河南戏剧幻城会议现场，还有一种是网络媒体在线直播，新华社、央广网、网易等20余家媒体参与了此次大会的直播宣传工作。此次大会最引人注目的当数网易瑶台元宇宙会议空间，网易瑶台会议空间是一个虚实结合的新技术场景，不仅让与会者对此次大会的探讨内容有了更直观的认识，同时也让他们对元宇宙空间有了更切身的感受。

3月12日上午9点大会开始，与会者通过特有的门票ID和活动地址进入瑶台会场。在元宇宙当中，每个与会者都会获得一个全新的个人形象，即虚拟角色，他们将使用这一形象完成整场元宇宙文旅大会和社交互动。瑶台中的会议空间分为发布广场、商业街、主会场、游览区四个部分。发布会场汇集了此次大会的演讲嘉宾介绍、大会议程和38家企业元宇宙项目展示名单等导览内容；主会场则是与会嘉宾收看演讲以及线下会议直播的场所；商业街和游览区则是等待会议开始和会议结束后，与会嘉宾交流、散步、欣赏元宇宙场景风光的区域。

此次智慧旅游大会是河南省文化和旅游厅为了贯彻落实河南省文旅文创融合战略，加快推动数字文旅经济发展，全面塑造“行走河南·读懂中国”品牌体系的重要举措之一。而在召开大会之前，河南省文旅厅就征集

了许多文旅标识创意方案，例如郑州大河村遗址数字化展示体验项目、龙门数字化展示体验项目等都在此次大会的瑶台会议空间中展出。

本次大会提出的方针是“创意引领，数字先行”，着重提出河南的文旅产业要在数字展示领域有突破、数字文创领域有布局、智慧景区领域有提升、数据管理领域有进展。要让游客来得更多、待的时间更久、玩得更快乐，提升游客与河南文旅产业的黏性，要让游客在这里乐意消费。元宇宙是文旅产业发展的未来方向，同样也是文旅产业升级的工具，最终打造文旅产业新业态才是文旅元宇宙的本质。

6.2.2　西安大唐不夜城：推出元宇宙文旅项目《大唐・开元》

2021 年，西安曲江大唐不夜城文化商业（集团）有限公司与太一集团联合推出了元宇宙文旅项目《大唐・开元》，此项目是基于唐朝历史文化背景倾心打造的一个元宇宙项目。

大唐不夜城位于陕西省西安市大雁塔，占地面积为 65 万平方米，是当地著名的步行街，也是当地游客必备的打卡地。大唐不夜城全年的人流量约 1 亿人次，约是普通旅游景区的 30 倍，不仅如此，当地的网红不倒翁小姐姐也为其增添了巨大流量，进一步提升了它的知名度。

《大唐・开元》就是大唐不夜城的镜像复刻。不管游客身处何方，都可以通过特定端口登录《大唐・开元》，只需动一动手指就能够在完美复刻的大唐不夜城街道上游览、消费，就连购物折扣都和现实世界中的一模一样，甚至还能够邀请不在一起的朋友异地登录，一起逛街游览。

除了将大唐不夜城复刻进元宇宙以外，《大唐・开元》还将按照唐代长安城的建筑沙盘，1:1 还原唐代长安城的风貌。为此，设计团队与数字古建建筑团队“明城京太学”和“史图馆”合作搭建、创作元宇宙的场景内容。这将有助于内测用户查看长安城修建的进度，并为其提出自己的建议和规划。

《大唐・开元》的目的是让中国的传统建筑能够在元宇宙中焕发新的生

机，让游客在虚实结合的场景中体验不一样的中国古代风情。最终实现通过元宇宙相关技术，将现实世界中的所有物理意义上的物品以及秩序都投射进元宇宙当中，让全人类都能够在其中进行沉浸式的互动，从而实现全人类社会的元宇宙转型。

除此之外，《大唐·开元》项目还陆续推出了相关的数字文创产品，例如“大唐开元·钟楼”“大唐开元·小雁塔”等。每一件文创产品都通过区块链技术实现上链确权，充分保障消费者所购产品的真实性和独一无二性。在保护文物版权的同时，让更多人拥有了属于自己的独特文创纪念品。

6.2.3 石景山首钢园：打造“元宇宙中心”

首钢园似乎天生就具备打造元宇宙中心的条件。首钢园内后工业风的建筑自带未来感，造型奇特又闪着冰冷的钢铁光芒，在 VR/AR、光影特效等技术手段的加持下，将营造出多种沉浸式体验的元宇宙赛博朋克场景。

首钢园在早前发展科幻产业的过程中，就已经集中整合了一批 VR/AR 技术、5G 通信、云计算、计算机视觉、用户内容创作等与元宇宙密切相关的项目资源，形成了元宇宙应用场景建设以及代表性元宇宙企业项目为布局元宇宙的抓手，为后续的元宇宙产业在首钢园中的打造奠定了良好的基础。

在首钢园内，元宇宙与科幻产业合力发展，围绕“科技 +”产业，持续推进人工智能、智能制造等产业的发展，着力打造科幻产业聚集区。

淡紫色的夜空被绚丽的灯光点亮，造型前卫的机甲飞船缓缓从游客头顶驶过，各种虚拟灯光秀和炫酷的机器人乐队演出合力为游客带来了一场沉浸式的视听盛宴。这听起来十分赛博朋克的场景，在首钢园内只需要使用手机扫描特定的场景码，游客就能够立刻进入奇幻的元宇宙世界当中。

不仅如此，首钢三高炉、水下元宇宙展厅也设置了游客打卡拍照点，游客还能够通过 AR 实景游戏获得可互动的沉浸式场景体验。

参与首测的游客在游览完元宇宙首钢园之后纷纷表示回味悠长，充满未来科技感，令人十分向往。赛博朋克作为一种后工业风浓郁的风格，本身就具有未来世界的科技感与虚拟感，视觉冲击力很强。而首钢园得天独厚的建筑与布局恰好与其呼应，因此也就成了打造元宇宙中心的不二之选。

随着 2021 年中国科幻大会、服贸会元宇宙在首钢园举办成功，中关村科幻产业创新中心即元宇宙中心在园区内正式落地。未来，首钢园将成为中国科幻产业发展的重要基地和元宇宙创新展示的重要窗口，最终实现成为具有全球影响力的科幻产业特色园区这一目标。

6.2.4　秦始皇帝陵博物院：元宇宙引路国潮时尚

2021 年年初，网易公司与秦始皇帝陵博物院合作，开启“国风赋新 · 秦”计划。在大型 RPG（Role-playing game，角色扮演游戏）网络游戏《大话西游 2》中，推出全新玩法“秦俑现世”，让游戏内玩家感受秦文化魅力，观赏秦兵马俑出土瞬间色彩缤纷的魅力，体验亲手修复兵马俑带来的成就感。

项目合作中骊山风云、重塑秦俑、倒斗小贼、镇守龙脉、秦风印象五种玩法同步上线，各具特色。为了让玩家体验兵马俑修复过程，见证兵马俑的昔日风采，活动中还特别准备了“重塑秦俑”环节，让玩家参与修复，感受修复历史、还原兵马俑原有形态时刻的喜悦和激动，如图 6-4 所示。

图 6-4　“重塑秦俑”环节

成功修复兵马俑之后，玩家不仅可以欣赏带有色彩的兵马俑，还能收获当前所修复的兵马俑专属趣味评价。分享 5 次不同的秦俑复原成果，即可领取限时称谓“陶塑千古秦魂”，且有机会获得“《大话西游 2》· 秦始皇帝陵博物院”联名推出的文创实物奖励。

Z 世代消费者并非浮躁易跟风的群体，别出心裁的创意和丰富的内涵才是真正打动这一群体的要素。天马行空又可以包蕴万物的虚拟世界正是理想形式之一，游戏与文博结合，可以为玩家带来前所未有的沉浸式体验，创造三者之间更多且更具深度的互动可能。

网易《大话西游 2》与秦始皇帝陵博物院的合作，为游戏提升了文化调性及价值感，也带来了 IP 创意的延伸拓展，提高了社交声量和传播度，吸引了更多历史文化爱好者和其他行业群体关注游戏。同时，此次合作也为 IP 联名提供了新的思路：可以在游戏内推出国风主题玩法，实现游戏拉新目的，弘扬民族瑰宝和传统文化。

6.3 入局机会解析：聚焦人物与场景

元宇宙对文旅产业的赋能不只是利用 VR、AR 等技术打造进入元宇宙的基础设施，它更多地体现在创设虚实结合的人物与场景方面。从虚拟城市代言人直播宣传城市特色产品，到具有浓郁地域风情的各具特色的元宇宙景区项目，元宇宙文旅始终在不断创新，为更多人赢得入局机会。

6.3.1 瞄准虚拟数字人，为城市打造虚拟代言人

对于重点发展文旅产业的旅游城市而言，得天独厚的自然景观与浓厚的历史气息本就是最好的资源。他们只需要把这些资源宣传出去，自然会吸引一大批慕名而来的游客，而最常用的宣传方法莫过于聘请城市代言人，但常见的城市代言人无非是知名的演员、偶像，如何才能让自己的城市代

言人脱颖而出呢？元宇宙的火爆给出了答案。

采用虚拟数字人，为城市打造虚拟代言人目前还是一个全新的项目，它能够显著拉动当地的经济发展。

城市虚拟代言人以 AI、CG 等为核心技术手段，选取城市或景区最深入人心的事物，例如神话故事或知名人士，从中提炼经典角色作为城市的虚拟数字人形象。在此基础之上，依托于 3D 建模、AR、VR、5G、动作捕捉等技术，通过线上移动终端或其他网络设备进行直播，可以实现直播带货、景区导览，从而聚集粉丝，拉动城市文旅经济增长。

例如，知名旅游城市杭州就以当地民间故事中的白素贞为原型，设计了名为白素素的虚拟数字人形象作为城市虚拟代言人。同时结合杭州的西湖断桥、雷峰塔和灵隐寺等特色景点以及杭州的民俗风情，赋予了白素素全新的人物定义。

在设定中，白素素是一位坚强、勇敢的年轻女性，她既像民间故事中的白素贞一样喜欢穿白色的长裙翩翩起舞，喜欢在西湖上泛舟赏月，也像现代年轻人一样喜欢开玩笑和品鉴美食。这些设定既符合人们对白素贞的固有印象，又贴近了新时代年轻人的个性化特征。

在白素素首次直播当天，其与一名真人主播通过对话的形式，利用全景拍摄和 VR 等技术，在直播间内带领观众游览了杭州的风景，同时讲解了杭州特有的风土人情。

直播过程中，白素素不仅能与真人主播进行互动，还能够对粉丝的实时提问做出及时回应。依托于实时动作捕捉技术，白素素在直播间内的神态与肢体动作与真人别无二致，动作和表情更加灵活与自然。同时，在直播过程中，白素素不仅展示了自己的舞蹈才艺，还在与真人主播互动的过程中向观众推荐了诸多杭州特产，充分展示了城市虚拟代言人的价值。

在文旅元宇宙的建设过程中，城市虚拟代言人的出现为传统文旅产业注入了新的活力。城市虚拟形象代言人与传统文化传播、传承的需求不谋而合。在新时代下，城市虚拟形象代言人将成为传统文化与年轻受众沟通的桥梁，以更加现代的方式推动传统文化的传承与创新。

同时，除了讲述城市故事、传播城市文化外，城市虚拟形象代言人还将产生更大价值，如作为虚拟 IP 登台表演、代言商业品牌、发行数字藏品等，打开城市营销的新赛道。未来，以城市虚拟形象代言人为切入点，串联城市文旅、地方产业的商业模式，或将成为驱动城市经济增长的重要推动力。

6.3.2 与景区合作，探索元宇宙文旅场景创新应用

近年来，无论是哪里的景区，其形式都日趋一致。有山多修建几条玻璃栈道，有海多准备几艘快艇，有草原多建造几个蒙古包……这些景区的游玩项目不仅加深了游客的刻板印象，还导致所有景区的内容都逐渐同质化。千篇一律的景区场景只会慢慢磨灭游客消费热情，景区必须要探索新的发展方向，打破同质化怪圈。

元宇宙文旅项目应运而生。元宇宙与景区合作，探索出元宇宙文旅新场景。如今已经有不少景区使用 VR、3D 立体展示、全息投影等技术，结合景区风景和文化历史底蕴，加之以特色民俗、美食，为游客提供个性化、定制化的沉浸式的景区游玩项目。

例如江西上饶望仙谷景区就结合 AR、3D 全息立体投影等元宇宙相关技术，辅助以特殊灯光、音效等多媒体技术，依托当地原有的神话传说，创作了沉浸式剧本杀《我就是药神》。望仙谷景区内有一座百年老宅，在经过修缮之后对游客开放，但是这座老宅内却并没有能够吸引游客的东西，特别是对于年轻游客来说，一座空空的百年老宅几分钟就能逛完，更遑论会在里面消费了。

为了解决这一问题，望仙谷景区的几位年轻工作人员想到了近年大火的元宇宙与剧本杀。如果能够利用老宅本身的历史，再布置一些古色古香的硬件设施，通过 3D 全息投影、特殊灯光等技术烘托氛围，就能够打造出可互动的沉浸式剧本杀，在文化氛围和体验感上大大超越城市内的剧本杀体验店。

《我就是药神》剧本杀于 2020 年末正式开放，每轮剧本杀接待 6 人，每次持续 2~3 小时。游客在体验过程中需要换上特定的服装，扮演特定的角色，不仅能够切身体会到当地的风俗民情，还会在体验过程中享受到当地的特色美食。不仅如此，《我就是药神》还在剧本杀内开设了年糕、豆腐、酱油等手工作坊，可以让游客亲自动手体会传统劳作的魅力。

除此之外，元宇宙文旅的剧本杀项目还拉动了当地的餐饮、住宿经济增长。因为游客在剧本杀体验过程中已经体验过了当地的特色美食，之后也会想着继续品尝，买一些回家送给亲友，各具特色的民宿也成为游客想要继续体验景区民俗文化的一个延伸载体。餐饮、民宿等都可以和剧本杀进行联动，吸引游客。

元宇宙赋能必将为文旅场景的重构带来积极有益的新视角。作为后互联网时代的新纪元，元宇宙也必将推动文旅产业进入一个全新的时代。

6.3.3　游戏与文旅结合，打造虚实共生新场景

游戏与文旅的结合是当前文旅产业发展的新趋势。相较于传统的文旅产业，游戏的潮流元素更多，更能吸引当代年轻人。而年轻人的消费意愿与消费能力也更强，对于拉动文旅产业的经济增长是不可或缺的重要来源。

游戏通常会与景区进行有机结合，实现 IP 联动，通过品牌赋能进行双向引流。游戏 IP 通过线下的文创产品实现品牌赋能，为玩家创造更多新鲜、有趣的游戏内容；而景区则借助 IP 粉丝的忠诚度进行用户引流，使玩家成为景区的线下游客，并且游戏与景区还可以在网络上制造话题，进而实现互利共赢。

例如湖南省的芙蓉镇景区就是游戏和文旅融合的典型案例。芙蓉镇是一座拥有 2 000 余年历史的古镇，壮观的瀑布穿镇而过，居民居住在挂在悬崖的吊脚楼群中，因此也被称为“挂在瀑布上的千年古镇”。不仅如此，芙蓉镇还拥有众多的湘西非物质文化遗产，包括传统文学、音乐等千余项项目，也因此吸引了众多游戏以此地为原型进行创作。

端游《天涯明月刀》中的“天衣别院”便取景自芙蓉镇，其中芙蓉镇建筑群的土家族特色与壮观的瀑布是最吸引玩家的地方。2021 年 6 月，“天衣别院”正式落户芙蓉镇景区。这是中国首个游戏实体家园。芙蓉镇景区中的“天衣别院”完美还原了《天涯明月刀》中的建筑风貌，力度与美感兼具，其中的装饰还融入了西兰卡普和蜡染元素，尽显土家族民族风情。同时，景区还设置了游戏内的“天衣别院”剧情，让慕名而来的游客可以在现实世界中也体会到做大侠的感受，全方位体验湘西的建筑特色与人文风采。

除了与《天涯明月刀》进行 IP 联名以外，芙蓉镇还和《雪鹰领主》手游基于湘西的非遗文化进行了联名，主要让游客和玩家体会湘西的非遗传承项目。而与《穿越火线》的联名则是采用电竞比赛的方式，在芙蓉镇景区举办《穿越火线》的百城联赛湖南区总决赛，吸引线上玩家来到线下景区打比赛，进而提升玩家的体验感。

游戏与文旅的结合为双方产业的发展提供了新思路。未来，游戏可以将景区作为游戏场景拓展的重要阵地，而景区也可以将真实场景搬进游戏中。例如，借助 AR、数字孪生等技术，游戏中的虚拟场景可以与现实场景相结合，打造出亦真亦幻的虚实相融的游戏场景。而玩家可以在虚拟场景中自由探索，与虚拟场景进行互动。

同时，借助 VR、数字孪生等技术，现实景区的真实景象也可以完美复刻至游戏中。游戏中可以增加张家界副本、黄山副本等，在拟真的场景中融入多样的游戏玩法。而玩家同样可以借助虚拟化身，在体验游戏的同时游览虚拟景区景象，探索各种拟真的景区项目。

受限于当前的技术水平，完全虚实共生的游戏文旅场景尚未出现。但众多在元宇宙领域有所布局的企业，如腾讯、完美世界等已经展开了对于“游戏 + 文旅”的探索。未来，伴随着元宇宙相关技术的发展，游戏与文旅的结合将进一步向数字化、虚拟化的方向迁移，最终实现游戏场景与文旅场景的虚实共生。

6.3.4　沟通自然享受灵感，古蜀乐队奏响营养吸收新乐章

伊利金典牛奶自问世以来，一直致力于倡导有机生活方式、亲近自然、享受来自自然的灵感与放松，因此非常注重品牌形象的建设和传播。其 2021 年推出的卢浮宫博物馆联名限量版纯牛奶、同年世界环境日推出的国内第一款植物基梦幻盖，都在达到品牌营销传播效果的同时，坚持自然为本的初心。而元宇宙热点不仅极具传播度，也与伊利金典奶的宗旨非常契合。

三星堆遗址作为我国西南地区重要的文明象征，其出土的文物代表着古蜀先民与天地自然的交流。这些文物造型神秘奇幻，对现代人具有超出想象的文化冲击，也带来了和时下流行热点结合的多种可能。在此背景下，伊利金典牛奶联合四川广汉三星堆博物馆打造的“跨次元虚拟演唱会”应运而生，如图 6–5 所示。

图 6–5　跨次元虚拟演唱会

该虚拟演唱会通过音乐这一古代人沟通自然、达到“天人合一”的艺术，打通传统文化和现代生活；通过现代人熟悉的“乐队”形式，二次创作赋予文物各自的人格设定，形象地将三星堆文物的历史内涵、美学魅力

演绎出来，并与伊利金典牛奶的品牌文化结合。一方面，加强了文物和历史在现代人尤其年轻群体中的普及；另一方面，为文创行业提出了适应时代的新玩法示例。

此组三星堆文物乐队衍生形象一经面世就获得了来自市场的广泛肯定。这次潮流化尝试也非常全面，除了“金典·三星堆联名限定包装牛奶”外，还推出了“金典·三星堆牛奶摇滚乐队盲盒”，里面含有摇滚镭射包装、透明发光舞台手办罩、限量珍藏版乐团手办、首发配套乐器等，为消费者准备了多重惊喜。这更加激发了大众的兴趣，促使大众在古典与流行交融、文物与潮玩交融中，把文化和快乐一起传承下去。

这次活动不仅强化了品牌自身形象，也吸引了大量年轻群体的关注，并跨界引发了音乐爱好者和潮玩消费者的兴趣，加强了文创和其他行业的消费群体的重合。该活动成功解锁的种种玩法，为元宇宙、数字藏品等新概念打下了相应的基础。

第 7 章

元宇宙社交：多重社交要素实现多样功能

有人的地方就会存在社交，从面对面聊天到写信、打电话，再到发送电子邮件，到如今的视频聊天，社交的形式始终在变，但不变的是它连接的本质。元宇宙的核心内容之一便是社交。在元宇宙中社交，能够结合传统线上社交与线下社交的优点，沉浸式实现社交的多样功能。

7.1 社交变迁，社交模式迎来拐点

随着互联网的高速发展，社交重心逐渐从线下转移至线上。如今元宇宙的火热发展使线上社交模式再一次迎来了新的拐点，元宇宙社交的体验将会更加沉浸式、逼真化，元宇宙社交的功能也将更加完善。

7.1.1 元宇宙社交核心要素：虚拟化身 + 沉浸体验 + 社交资产

目前的虚拟社交更多的是指线上社交，例如通过 QQ、微信等社交 App 发送线上即时消息或视频通话等。这在一定程度上解决了远程社交的难题，但却缺少在现实世界中社交的真实感与沉浸性。例如线下和好友一起逛街、喝咖啡、去游乐园玩耍等。

而元宇宙的出现使得虚拟沉浸式社交成为可能。元宇宙社交的核心要素包括三个方面，如图 7–1 所示。

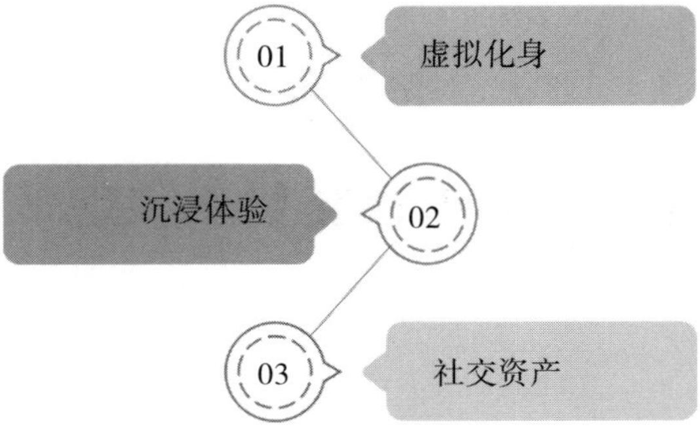

图 7–1 元宇宙社交核心要素

1. 虚拟化身

当前线上社交的最主要问题在于用户没有自己的虚拟形象，在网络世界中没有发出信息内容的载体，这就导致用户与网络世界是割裂的，沉浸性就无从谈起。而元宇宙中的用户可以自由创造、搭配自己的个人形象，以虚拟化身作为现实世界与虚拟世界连接的载体，能够更好地实现沉浸式社交。

2. 沉浸体验

一方面，在元宇宙中，用户不再通过当前社交平台中传统的文字、图片等形式进行互动，而是可以进行实时的面对面交互，通过语言、动作等互动。同时，随着元宇宙的发展，各种活动场所，如游乐场、商业区等都会在元宇宙中实现，用户可以在其中轻松进行各种有趣的互动。

3. 社交资产

元宇宙的经济模式是一种用户生成内容的新模式，在这些创作者的帮助下，用户能够拥有新奇有趣、高度个性化的社交资产。而区块链技术和去中心化协议也能够为这些社交资产给予保障。

当前，已经有一些元宇宙社交产品在体现元宇宙社交要素方面做出了尝试。以虹宇宙为例，在虚拟化身方面，虹宇宙支持用户个性化定制自身形象，每一位用户的角色形象都是独一无二的，还可以通过人脸扫描定制与现实世界中一样的角色。

在沉浸体验方面，虹宇宙用一种 3D 且自定义的手段，将语音、视频等融入社交场景中，使得用户的社交更加趋近真实。未来，俱乐部、商业区等现实生活中常见的场景将在虹宇宙中实现，为用户提供更多的社交场景。同时用户也可以将自己的房屋作为社交场所，举办虚拟音乐会、展览等。

在社交资产方面，虹宇宙支持用户自由创作内容，并为内容的曝光、互动等提供了多样玩法。同时，在去中心化社交模式下，创作者的社交资产将会得到充分的安全保障。

虹宇宙当前的这种尝试展现出了元宇宙社交的一种初级形态。未来，随着元宇宙在社交领域的深入应用，具备以上三要素的元宇宙社交应用将会越来越多，同时，更个性化的虚拟化身、更加沉浸的社交体验以及更加丰富的社交资产也终将实现。

7.1.2　连接是元宇宙社交的核心功能

技术的发展是推动社交方式变革的重要力量。在 2G 时代，社交方式实现了从线下到线上的迁移，文字成为社交的重要媒介；到了 3G 时代，图片成为新的社交媒介；随后 4G 时代到来以后，大数据、云计算等技术蓬勃发展，短视频和直播成为新的社交方式。随着技术的不断迭代，社交方式也变得越来越便捷。

而在元宇宙不断发展的大趋势下，社交环境正在经历着新的变动，元宇宙社交成为社交发展的新方向，沉浸式虚拟社交将在未来成为现实。目前，已经有一些企业在这方面进行了探索。例如，天下秀公司就推出了一个基于区块链的虚拟社交平台“Honnverse 虹宇宙”。

该产品基于区块链技术形成去中心化的社交场景，并能够为用户提供沉浸式的社交体验。在这里，用户可以获得虚拟形象、打造个人身份，获得虚拟房产并进行个性化的装修，如图 7–2 所示。

图 7–2　虹宇宙中的房子

值得一提的是，在房屋中的音响、电视、展示墙中，用户可以自行加入自己喜爱的视频、音频或图片，展示自己的个性。同时，虹宇宙不仅支持用户进行虚拟社交，还支持数字藏品交易，具有完善的经济体系。

元宇宙下的沉浸式虚拟社交将对当前的社交场景产生颠覆式的变革，当人们身处社交元宇宙中时，他们可以以虚拟化身、凭借个人兴趣图谱在接近真实的虚拟世界中找到志同道合的伙伴，建立新的社交连接。简单来说，元宇宙中的社交将脱离当前社交中的羁绊，兴趣爱好将成为交友的主要考量因素。同时，以更长远的目光来看，全新的社交场景将催生多样的内容创作者，带来商业形态。

在这个过程中，对于企业来说，怎样通过技术保证用户体验是其关注的核心问题。其中，企业需要注意的一点就是在元宇宙社交中，连接依旧是其本质。

虹宇宙就是连接用户、创作者和品牌的一种新的尝试。在虹宇宙的社交场景中，用户可以自由建立数字化的社交关系，而创作者可以在开放的内容体系中进行创作，获得更好的创作体验。同时，在这个完善的社交生态中，品牌能够将现实世界中的营销场景搬到虚拟世界，甚至在这里创造现实中无法实现的营销场景。

社交元宇宙意味着更多的连接，这不仅指的是用户社交关系、社交场景间的连接，也包括虚拟世界和现实世界的连接。只有做好这两方面的连接，社交元宇宙才能更好地形成并发展。

7.1.3　体验革新：自由的交互体验 + 可创作的虚拟空间

元宇宙在社交领域的落地将带来社交体验的革新。这主要体现在两个方面，一是可以获得自由的交互体验，二是可以获得可创作的虚拟空间。这意味着，在元宇宙社交场景中，用户不仅可以打破线上社交的体验隔阂，获得更加沉浸的临场感，还可以自由搭建社交场景，推动社交场景边界的延伸。

例如，VR 社交平台 VRChat 就为用户提供了自由的可互动式社交体验。沉浸式情景互动已经是所有 VR 社交平台的标准配置了，而 VRChat 在此基础上打造了数百个交互场景，无论是在晴天与好友一起爬山，还是在阴天与朋友一起钓鱼，抑或是在夜晚共同赏月，VRChat 都能够满足用户的各种社交临场感。

除此之外，VRChat 不仅是简单的虚拟世界互动平台，借助实时运动追踪器和 VR 设备，用户还可以通过控制自己在现实世界中的动作和表情，进而控制在虚拟世界中的动作和表情。正是因为 VRChat 出色的全身动作捕捉追踪方案的使用，用户能够在虚拟世界中大展身手，特别是对于舞蹈爱好者来说，来自全世界各个国家和地区的用户能够在其中切磋舞技。目前，这些舞蹈爱好者已经组建了多个舞者社区，并举办了多场 VR 斗舞比赛，如图 7-3 所示。

图 7–3 VRChat 中的斗舞比赛

VRChat 还为用户提供了更广阔的自主互动场景，例如用户可以自行购买家具布置家园，也可以自行搬动公共场景的桌椅，探索新鲜事物。

总之，元宇宙与社交的结合将为用户带来更新奇的社交体验。元宇宙不只能够复刻现实世界中的社交场景，还支持用户自行设计更加科幻的社交场景，例如海底聚餐、火星探险等，获得更多新奇有趣的社交体验。

7.2 元宇宙社交成为市场热点

在元宇宙与社交的结合逐渐成为趋势后，这种新型社交模式便受到了市场的追捧。一方面，元宇宙社交满足了用户对于社交新体验的需求；另一方面，市场中的元宇宙社交产品层出不穷，为用户体验元宇宙社交提供了途径。

7.2.1　需求爆发：年轻群体期待社交新体验

当前，伴随着 Z 世代的成长，其已经成为市场中的消费主力军。Z 世代伴随着互联网的发展而成长，习惯于使用各种电子产品，探索未知新世界。基于这些原因，Z 世代更热衷于虚拟社交，对社交体验也提出了新需求。

为什么 Z 世代会青睐于虚拟社交？

一方面，“人设”文化是虚拟社交的核心，而 Z 世代往往热衷于经营虚拟人设。Z 世代热衷于角色扮演式社交，如“语 C”（语言 Cosplay）、Pia 戏（声音扮演）等。他们喜欢经营虚拟人设，以此来脱离平淡乏味的现实生活，满足内心的需求。虚拟人设能在社交过程中释放压力并回应用户内心的真实声音，Z 世代们在虚构的互动场景中很容易表达在现实中无处表达的想法。据调查显示，81% 的 Z 世代认为网友不一定要见面，甚至根本不想见面。对他们来说，虚拟社交营造的空间是一个独立的小世界，在这个世界中，自己有特定的身份和朋友圈，如果线下见面，那么辛苦打造的虚拟人设也就不复存在了。

另一方面，Z 世代需要虚拟“陪伴”，并愿意为此付费。Z 世代多为独生子女，成长环境中缺少同龄人、亲属的陪伴，巨大的学习压力也限制了他们的现实社交，虚拟社交因此成了最好的解压途径。2017 年以来，付费陪伴类 App 增长势头明显，其中语音连麦、游戏陪练、语 C 陪玩等业务都颇受欢迎。而在 VRChat、Soul 等提供虚拟社交的平台兴起后，其同样吸引了大量 Z 世代用户。

总之，当前年轻用户群体期待全新的社交体验，热衷于进行虚拟社交。这种用户需求为元宇宙社交的发展提供了关键支撑。

7.2.2　社交产品不断迭代，Soul 与用户共建社交生态

在当前的元宇宙社交市场中，头顶“年轻人的社交元宇宙”标签的 Soul 无疑是市场的领头羊。Soul 以“让天下没有孤独的人”为愿景，以兴

趣社交为出发点，聚焦Z世代打造了一个内容丰富的社交平台。同时，从产品推出至今，Soul几经迭代，功能也越来越完善。

到了2022年，Soul升级为一个去中心化的产品，在虚拟形象立体化、双方沟通智能化、社交体验游戏化等方面建立了明显的优势。

在Soul这个高度开放的虚拟世界中，用户可以充分发挥自己的才华，创造与众不同的新玩法，建立一个个性化的社交生态。此外，用户也可以表达自我，根据实际情况建立虚拟化身，找到志同道合的知己，并基于兴趣图谱体验沉浸式社交。

同时，为了进一步激发用户共建社交生态的积极性，Soul还开启了SSR（Soul Super Real，优秀内容创作者的统称）认证，认证标准包括内容消费、粉丝增长速度、粉丝黏性等。这样不仅可以挖掘出更多热爱生活、敢于发声、创作能力强的优秀内容创作者，也可以引导正向价值观。

目前SSR认证有三种方式：自主申请、官方邀请、平台外引入，用户可以选择适合自己的方式。完成SSR认证后，Soul会为优秀内容创作者提供相应的权益和奖励，如专属运营、品牌合作机会、商务合作机会等，以便更好地提升其创作热情。

值得注意的是，在共建体系中，捏脸是非常重要的环节，该环节催生了一个新兴职业——捏脸师。Soul提供的数据显示，目前有大约80位捏脸师通过数字化工具为虚拟人物捏脸。这些捏脸师将自己的爱好变成工作，用创意和艺术感在Soul上创造着价值。

7.2.3 新兴元宇宙社交产品诞生，原原世界打造社交新平台

除了Soul这种上线时间较早的社交平台积极向元宇宙社交进发外，市场中新兴的元宇宙社交平台也不断涌现。例如，原原世界就是一个致力于为Z世代提供元宇宙社交体验的产品，吸引了众多用户的关注。

相较Soul、VRChat等元宇宙元素浓厚的社交软件，原原世界构建了一个以语音社交为主的元宇宙社交生态，用户可以选取不同的发型和服装来

装扮自己的虚拟形象，但相较于 VRChat 来说，原原世界的虚拟形象个性化程度还有待加强。

在进入原原世界以后，用户可以自由选择进入轰趴馆、帐篷和露天舞台，并且可以与房间内的其他用户和道具进行互动。值得一提的是，用户只要靠近其他用户，就会自动加入语音群，只需要打开麦克风权限，就可以和其他用户自由语音交流。

而除了这一功能以外，原原世界还支持自由 K 歌功能，用户只需要点击“去 K 歌”按钮，就会直达名为“蓝翔音乐学院”的轰趴馆，所有在该场景内的用户都可以听到 K 歌用户的歌声，他们也会自发地为 K 歌用户充当气氛组。在现实世界中羞于开嗓的人都可以在这里放心、大胆地唱出来，也会收获众多的好友和粉丝。

每天晚上 8 点，轰趴馆内还会有驻唱歌手演出，用户可以自行点歌，也可以加入后续的嗨唱环节，与其他用户一起接龙唱歌。之后在帐篷内，原原世界还设立了晚安电台栏目，凡是进入帐篷场景的用户都可以在这里听到助眠故事和助眠音乐，也会有大家一起聊天交友的环节，能够让用户在睡觉之前放松身心。

作为一款新兴的元宇宙社交产品，原原世界当前的用户并不多，但整体黏性很强，因为原原世界的社群运营维护非常到位。有用户评论过，原原世界的主创团队经常会上线与大家热情交流，并积极听取大家的建议和反馈，这也使得原原世界的功能更加完善。相信在不久的将来，原原世界就会成为元宇宙社交产品界的一匹黑马，其功能会更加丰富，用户数量也会更加庞大。

7.2.4　社交与游戏的结合进一步加深

当前，市场中的许多社交产品都融合了游戏元素，同时，游戏产品中也具有丰富的社交功能。而元宇宙与二者的结合将进一步加深社交与游戏的融合程度，同时带给用户更加沉浸的体验与更加多样的玩法。

2022 年 3 月，虚拟现实多人游戏《梦境世界》在爱奇艺奇遇 VR 上线。该游戏不仅能够带给玩家沉浸式体验，还具有超强的社交属性，能够为玩家提供多样的社交玩法。

《梦境世界》允许玩家打造属于自己的虚拟家园，同时设计了上万种个性化虚拟形象组合供玩家自由选择。在游戏中，玩家可以以个性化的虚拟化身在虚拟家园中游历、探险，还可以体验射击、跑酷、迷宫等多类游戏。值得一提的是，游戏中的许多场景、环节等都支持多人进行，便于玩家进行社交。例如，玩家可以邀请朋友一起驾驶着宇宙飞船在虚拟家园中翱翔，也可以与朋友一起在地下迷宫中探险。

社交与游戏的关系十分密切，游戏为社交提供了必要的社交要素。社交的三要素分别为社交对象、社交环境和社交内容。其中，社交对象决定了社交的关键内容和主体，是社交内容的产生者。社交环境同样是影响社交的重要因素。在不同的社交环境中，人们的行为举止也会不一样。社交内容深受社交对象与社交环境的影响，随社交对象和社交环境的变化而变化。游戏为社交提供了社交对象、社交环境和社交内容。

1. 社交对象

如果人们只是在虚拟世界中获得一个虚拟化身，便开始进行社交，那么社交往往缺少目的性。用户虽然具有一个虚拟身份，但对于其他用户而言，这个虚拟身份是模糊的，可信度并不高，因此用户并没有明确的社交对象。

而游戏能够为玩家提供一个较为明确的虚拟身份。在游戏中，不同玩家具有不同的标签，这些标签都可以成为玩家身份的标识。同时，玩家的其他游戏信息也会成为玩家的一种身份信息，建立玩家之间的信任关系。例如，在《王者荣耀》中，玩家可以查看其他玩家的常用英雄、不同英雄的胜率等，从而了解该玩家擅长的位置、英雄等，加深对玩家的身份认知并形成一定程度上的信任关系。

2. 社交环境

游戏能够为社交提供多样的社交环境，例如，玩家可以在更加开放的世界频道发言、可以在更加私密的个人频道与特定的游戏好友对话，可以在一场场的多人协作游戏中进入不同的社交环境。游戏中的社交环境也可以帮助玩家了解其他玩家的身份，催生丰富的、与游戏相关的社交内容等。

3. 社交内容

游戏能够为玩家提供丰富的社交内容。例如，玩家可以在游戏中讨论战绩、游戏道具、新开启的游戏活动等。同时，并不是游戏中的所有内容都可以成为社交内容，只有具有分享、共情、争议三个特点的内容，才能作为社交内容。

分享指的是单方面向外传播一个信息，如游戏获胜、游戏里新角色等。并不是所有行为都值得分享，例如，所有玩家每天必做的日常任务，就没有分享的意义。分享的内容一定要吸引眼球，要么知道的人不多，要么人无我有。

共情指的是在分享的基础上，有互动目的的内容，如参加游戏活动，组队打游戏等。例如，玩家分享了某角色的技能装备，获得其他玩家点赞，这就是良性互动。

争议指的是玩家之间对游戏内容的讨论。游戏内容很多，需要玩家探索，在这个过程中，不同玩家对同一内容产生不同的理解，就会产生争议。正面的可争议内容是社交的利器。

在元宇宙风口之下，为了搭建更加完善的虚拟生态，社交与游戏的融合进一步加深。越来越多的游戏不断完善自身的社交生态，而社交平台也正在逐渐融入多样的游戏内容。未来，更加开放的社交游戏平台将会广泛出现，这些平台不仅能够实现社交与游戏的紧密融合，让用户能够在社交时随时发起互动游戏，还将支持用户在平台中开发新的游戏、创建新的社交场景等，为用户提供更加优质的线上社交体验。

7.3 入局机会解析：拆解不同社交要素

元宇宙社交领域同样存在着巨大的机会。在入局这一领域的过程中，企业可以依据不同的社交要素找准细分赛道，搭建自己的竞争优势。

7.3.1 聚焦虚拟化身打造，提供个性化虚拟形象

2022年4月，虚拟化身制作公司Genies宣布完成1.5亿美元融资。Genies表示，将利用这笔资金为Z世代开发一个基于自定义化身的元宇宙平台。同时，Genies将进一步迭代虚拟化身创建工具，便于用户通过工具创建虚拟化身、打造虚拟服装等。

早在此次融资之前，Genies就凭借为用户制作能在各大社交平台应用的3D虚拟形象的功能圈粉无数。用户在Genies上可以根据自己的喜好定制虚拟形象，这个形象可以是宠物、玩具、外星人。同时，Genies会根据用户的特长，生成3D图像、动图、短动画等不同版本的虚拟形象，如图7-4所示。

图7-4 Genies中的虚拟形象

除此之外，Genies 还设置了多种可供虚拟形象穿戴的设备，如头盔、武器等，用户可以通过充值购买或参与 Genies 的官方活动获得。未来，Genies 还将通过 VR 技术，打造更逼真的虚拟数字世界，用户的虚拟形象可以在不同虚拟场景中行走穿梭，还可以与偶像的虚拟形象同行或相处。

虚拟化身是开展元宇宙社交的关键要素，元宇宙社交平台同样也会提供虚拟化身功能。聚焦这一要素，企业可以借鉴 Genies 的运行模式，以虚拟化身打造为核心业务，同时开放用户创作权限、打通自身平台与其他社交平台的连接等，实现虚拟化身的个性化打造和多场景应用。

此外，从商业模式上来分析，虚拟化身打造还可以衍生出其他相关的商业模式。例如，基于多样的虚拟化身，企业可以扩展数字藏品业务，为这些虚拟化身提供多样的、可供虚拟化身穿戴的数字服装。同时，在数字藏品业务模式成熟后，企业还可以与其他知名服装品牌合作，为其打造该品牌的系列虚拟服装。总之，虚拟化身是一个重要的入口，在虚拟化身打造的业务模式上，企业可以进行多方面的扩展，搭建多元的业务脉络。

7.3.2　聚焦沉浸式体验，研发元宇宙社交新产品

除了聚焦虚拟化身外，企业也可以从社交的沉浸体验处入手，积极研发元宇宙社交产品。在这方面，社交巨头 Meta 已经进行了积极实践，推出了 VR 社交平台 Horizon Worlds。

在 Horizon Worlds 中，用户在创建好自己的虚拟化身后，就可以通过传送门前往各个虚拟场景，和其他用户体验多样的游戏，或参加绘画、高尔夫等不同主题的聚会。除了体验不同的场景外，用户也可以创建自己的世界。Horizon Worlds 为用户提供多样的创作工具，用户可以借助这些工具和其他用户合作共创并分享创建进度。

依托先进的 VR 技术，Horizon Worlds 能够识别用户的表情和手势，使得虚拟化身的表情、动作更加自然，带给用户更高的沉浸感。同时，为了

强化社交功能，Horizon Worlds 推出了发现附近好友、申请加好友等社交功能，便于用户在虚拟世界中交朋友。

搭建元宇宙需要大量的内容作为支撑，对于元宇宙社交来说同样如此。为了刺激 Horizon Worlds 中的内容创作，2021 年 10 月，Meta 宣布将推出 1000 万美元的创作者基金，鼓励用户创作内容。

为了丰富 Horizon Worlds 中的内容，Meta 制订了详细的创作激励计划、资金奖励机制。并且，Meta 表示将在未来举办一系列的创作比赛，丰富 Horizon Worlds 的世界。当前，Horizon Worlds 已经实施了创作者激励计划，帮助用户学习使用该平台的创作工具并开展虚拟世界创作。第一阶段的激励项目结束后，参与该项目的创作者已经完成了数百个虚拟世界。

此外，Horizon Worlds 还不断地对平台上的工具进行升级和简化，以便于用户创作。自 Horizon Worlds 推出至现在，其创作内容的过程变得越来越简单、快速，用户规模也得到了大幅增长。

在探索元宇宙社交领域的入局机会的过程中，如 Meta 一样推出更具元宇宙元素的社交产品是很多企业都想要尝试的途径。在进行新产品的尝试时，企业需要在以下细分方面进行探索。

（1）虚拟社交场景：为提高用户的沉浸体验，社交平台中需要搭建起超级拟真的虚拟场景。当前，一些社交平台虽然已经实现了虚拟社交场景从 2D 到 3D 的升级，但场景制作依然不够精致，在拟真度方面还有很大的提升空间。因此，企业需要提升自身在引擎、实时渲染方面的技术能力，打造出更加真实的社交场景。

（2）用户交互体验：用户交互体验是实现用户沉浸式社交体验的重要因素。当前，Horizon Worlds 已经能够实现用户表情、手势等动作的交互，但仍存在发展空间。例如，在 Horizon Worlds 中，用户只能获得一个只有上半身的虚拟化身，进行有限的交互。在这方面，企业可以在完整的虚拟化身、全身动捕等方向发力，实现用户在虚拟世界中更加自由的社交交互。

（3）丰富的社交功能：现实世界中，人们进行的社交活动往往并不是单独进行的，而是与日常生活紧密融合在一起。例如，亲朋好友之间可以通过逛街购物进行社交、玩伴之间可以通过游戏进行社交、职场人士需要进行多样的商务社交等。这意味着，要想给予用户更加沉浸的社交体验，让用户的社交更加自然，企业就有必要丰富元宇宙社交产品的功能，使购物、游戏、商务办公等功能都可以在虚拟世界中实现。

（4）简捷易用的创作引擎：支持用户创作功能是推动平台持续发展、虚拟社交空间不断延伸的重要保障。在这方面，企业需要搭建起平台的自有引擎，同时通过各种创作激励措施鼓励用户创作，不断丰富平台中的社交场景，满足用户多样的社交需求。

总之，在元宇宙社交产品研发方面，企业需要注意以上几个关键要素。在产品研发之初，企业可以聚焦其中的一方面完善功能和用户体验，再在长期的优化迭代中不断补全其他功能。

7.3.3　聚焦用户社交需求，实现社交场景定制化

除了日常社交体验之外，用户在节日社交、商务社交等细分领域往往存在更加具体的社交需求，在这方面，企业可以聚焦用户的个性化需求，提供具体的元宇宙社交解决方案。

2020 年 10 月，网易在游戏《逆水寒》中召开了一次人工智能大会，将线下的人物和社交活动拉到了虚拟世界。参会者进入游戏之后，会得到一个虚拟化身，并可以自由选择北宋风格的服饰、发型、配饰等。在这个虚拟场景中，参会者能够通过虚拟化身和其他人进行互动，在古色古香的虚拟世界中召开会议。茶歇期间，参会者还可以观看虚拟舞蹈表演。

《逆水寒》为参会者提供了一场别开生面的“穿越”之旅。参会者能够化身北宋的各种人物形象，“穿越”到北宋风格的场景中，通过身体和表情与他人互动，体验沉浸式的会议。

此次活动的成功举办离不开网易伏羲实验室推出的沉浸式活动系统“瑶台”的支持。基于系统的支持，参会者得以以虚拟化身进入游戏，在拟

真的虚拟会场中感受沉浸式的会议。

2021 年 8 月，“瑶台”系统将第十六届国际生物矿化研讨会搬入了虚拟世界。在此次活动中，“瑶台”系统展示了其升级后的系统功能，为参会者留下了难忘的新奇体验。

在虚拟会场搭建方面，“瑶台”系统支持多种风格活动场地的设置，满足用户的多样化需求，并且可以高精度复刻现实世界中的会议场景。为了给参会者带来更真实的体验，“瑶台”系统支持参会者上传照片打造专属虚拟形象。

依托 AI 智能捏脸技术，“瑶台”系统可根据参会者上传的照片生成拟真的虚拟化身，高度还原人物面部特征，如发型、肤色、五官等。同时，虚拟化身的表情、动作会随着真实表情、动作的变化而变化，给予参会者更多临场感。

为了增强趣味性，缓解参会者的疲劳感，“瑶台”对会务功能进行了升级，实现了 PPT 嵌入式播放、语音聊天、分会场自由切换等会议功能。为了满足参会者的社交需求，社交方式也变得更加便捷，虚拟化身见面时即可开启群聊。

此外，为满足国际会议的交流需求，“瑶台”系统嵌入了网易有道的实时翻译功能，便于来自不同国家的参会者实现无障碍语言交流。

目前，除了商务会议外，“瑶台”系统还可以应用于签约仪式、产品发布会、公司年会等众多场景中，满足用户的不同商务社交需求。

“瑶台”系统的尝试为企业入局元宇宙社交提供了一种思路：企业可以聚焦 B 端用户，开发提供个性化虚拟社交场景定制的沉浸式系统。相比其他元宇宙社交平台，沉浸式系统更能够满足用户的个性化需求，展示出更好的活动效果。

在聚焦 B 端用户打造定制化的沉浸式系统中，企业需要从两个主要方面发力升级系统，逐步提升用户体验。一方面，企业需要在系统中纳入多种风格、多种类型的场景，如容纳更多人的露天会议场景、支持多种演示的多功能会议厅、布置华丽的酒店大堂等，支持用户在其中举办会议、召开庆典等。同时，这些场景还需要向用户开放一定的布置权限，以支持用户在虚拟场景中张贴会议海报、竖立活动标牌等。

另一方面，企业需要在虚拟化身的虚实交互方面不断提升，使系统带给用户更加沉浸的交互体验。其中，3D 形象智能生成技术、AI 捏脸技术等可以为用户提供专属的虚拟化身，提高用户在虚拟世界中的沉浸感和参与感。而借助 VR 技术、动作捕捉技术等，用户可以自由地借助虚拟化身展现不同的表情和动作，实现更加自然的交互。

总之，在开发系统，保证系统实用性的基础上，企业还需要从以上两方面深入探索，不断完善系统功能，提升用户体验。

第 8 章

元宇宙营销：营销新玩法赋能品牌

随着互联网的飞速发展，消费的形式与消费的目的也随之改变，体验经济模式进入了新的阶段。消费者不再只是为了满足某种需求购买商品的一方，而是由被动接受品牌对自己发出的互动，转变为主动寻求互动的一方。元宇宙营销在其中起到了重要的桥梁作用。消费者与品牌之间的双向互动是一种动态关系，它的相对稳定需要品牌方的全方位维护。因此，品牌方运用新的方法，将与自家产品密切相关的体验完美还原、复刻到虚拟世界中，让消费者在拟真的场景中进行体验。而这一做法就是元宇宙营销。

8.1 数字 IP 加持下，营销展现新业态

当今时代是数字化的时代，得益于数字化技术的发展，各行各业都在积极地拥抱数字化转型，期望在先进技术的加持下，能为自己的企业在激烈的市场竞争中赢得优势。营销行业也不例外。虚拟数字人的出现、商品的虚拟化、营销场景的虚拟化，都在为大众展现营销业态的另一种发展可能性。

8.1.1　营销好帮手：虚拟 KOL+ 品牌虚拟 IP

盘点各大品牌在营销活动中所聘请的各类代言人不难发现，传统的品牌代言人大多为知名演员或偶像，有一定的粉丝影响力和号召力，能够快速为品牌带来一定的收益。随着时代发展，艺人素质参差不齐，有了互联网的助力，艺人舆情也可能为品牌带来不可预料的负面影响。

相对于明星艺人来说，虚拟人则有更稳定的发展前景，随着技术的进步与人们意识的进步，虚拟人的前景非常具有发展潜力、商业价值与竞争力。目前，市场上的虚拟代言人主要包括虚拟 KOL（Key opinion leader，关键意见领袖）以及品牌虚拟 IP 两种。前者为独立运营、与品牌保持合作关系的虚拟代言人，可以为多家品牌提供代言服务。后者即品牌自主打造的、专属品牌的虚拟代言人。这类虚拟代言人十分符合品牌特性，可以增加品牌营销的社交性和娱乐性，拉近与用户的距离，传递品牌理念。

1. 虚拟 KOL

国内首个超写实数字人 AYAYI 在小红书发布的第一条笔记，仅凭一张照片就获得了 10 万点赞和 1.4 万收藏，其造型和妆容引得多位美妆博主竞相模仿，且热度仍在增加。AYAYI 主要以时尚潮流为人设，在细分领域已与多个品牌合作，形成了良好的商业变现形式。

2. 品牌虚拟 IP

2020 年 11 月，欧莱雅发布了品牌虚拟代言人——来自美即品牌的“M 姐”。“M 姐”的形象优雅，人设为实验室观察员，通过在社交平台的分享内容，把枯燥的科技理念讲述给消费者，以此传达出美即品牌的科技实力，也能拉近与 Z 世代消费者的距离。

2021 年 3 月，欧莱雅又官宣“欧爷”为品牌的虚拟代言人。不同于“M 姐”，“欧爷”是欧莱雅集团的一次整体尝试。“欧爷”的人设为美妆一哥、公益达人，愿景是让所有人拥有美。在欧莱雅集团中，“欧爷”有许多身份，他是欧爷百事通栏目的新闻部长，为用户带来最新的美妆资讯；他是欧爷说成分栏目的成分党专家，为用户讲解化妆品成分；他是欧爷面对面栏目的社交圈 KOL，带领用户与名人对话，了解多元的美妆观点；他是欧爷做公益栏目的公益达人，带领用户一起做公益。

“欧爷”和“M 姐”的诞生，意味着欧莱雅集团与媒体、消费者的沟通方式的革新，通过引入更具体的视觉形象，输出符合当代消费者习惯的内容，从而更有效地与消费者沟通。

随着技术的发展，虚拟代言人还可以进一步走进现实世界，成为打破“次元壁”的利剑，如图 8-1 所示。

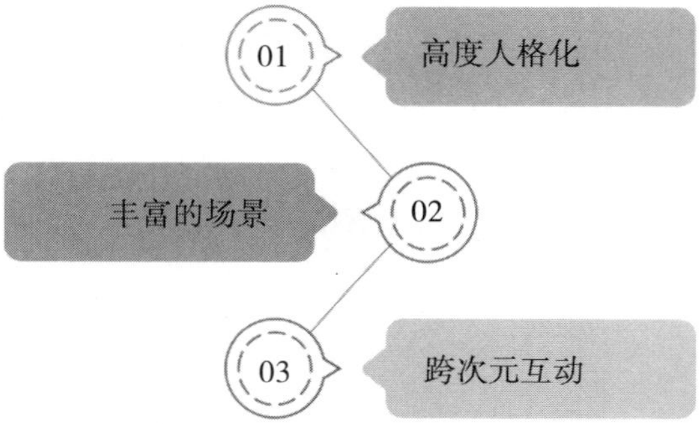

图 8-1　虚拟代言人的特点

1. 高度人格化

现在很多虚拟代言人从一个图像化的符号转变为符合品牌调性的人设，能输出多元化内容的形象。随着技术的发展，虚拟代言人还可以变得更智能，他们能融入消费者的生活中，同消费者互动，陪伴消费者。

2. 丰富的场景

丰富的场景能够与高度人格化相辅相成，有利于虚拟代言人在不同的场景中展现出不同的人设，可以为商业合作提供更多丰富的想象空间。

3. 跨次元互动

虚拟代言人不受地点、环境、时间等物理因素的限制，具有更广阔的内容空间。例如，虚拟代言人可以在真实空间中出镜，也可以在虚拟场景中出镜，属于其的营销场景非常丰富。

随着人们对虚拟代言人的接受程度越来越高，媒体文娱、潮流服饰、美妆护肤、食品饮料等领域都开始尝试启用虚拟代言人。相比真人代言来说，虚拟代言人的可塑性更高，能带给品牌更大的商业空间。

8.1.2　产品虚拟化：数字产品成为营销新探索

元宇宙作为一个与现实世界平行的虚拟世界，自然有它的一套经济体系。数字产品作为经济体系中的重要部分，是沟通品牌与消费者的互动载体。

2021 年“双 11”，天猫超级品牌日用一场“双 11 元宇宙交响”音乐会将狂欢氛围推向了高潮。

在这场表演中，最让人眼前一亮的，莫过于特邀嘉宾“数字贝多芬”的加入。“数字贝多芬”以全息投影的方式出现在会场，隔空指挥，和靳海音管弦乐团一起跨越虚拟与现实的“次元壁”演奏了一曲《欢乐颂》，如图 8-2 所示。

图 8-2　演奏现场的“数字贝多芬”

作为紧跟潮流的内容厂牌，天猫超级品牌日的此次“双 11 元宇宙交响”音乐会，不仅借助黑科技让音乐大师贝多芬亲临现场，还联动了多个品牌，推出了十几款数字虚拟乐器，并紧跟当下“元宇宙”概念，将它们打造成数字收藏品。

这些数字虚拟乐器还进行了“上链”，变成了独一无二的数字收藏品，用户参与抽签发售便有机会收藏。基于品牌们本身的标签，打造数字收藏品，可以让品牌们以更多元的姿态出现在大众视野中，为沉淀品牌资产埋下伏笔。作为一种新型的电子收藏品，经过“上链”的虚拟商品具有独一无二、不可复制等特点，极符合当下年轻人追求个性、看重自我表达的生活态度。

今天，天猫超级品牌日可以让贝多芬“复活”，可以把品牌做成虚拟数字乐器。那么未来，任何超出常识的内容都有可能出现，品牌营销空间将变得空前庞大，用户体验也将迎来新一轮升级。

未来，在新技术、新内容的加持下，虚拟营销的呈现方式将越来越丰富，当各领域都开始涉足虚拟世界后，谁能更好地把技术语言转化成商业语言，踩准年轻人的痛点，谁就能先人一步实现平台、消费者、商家的多方共赢。

8.1.3 场景虚拟化：虚拟场景搭建展现产品效果

传统的营销场景主要包括发放传单、路演、广告宣传等形式。这些形式随着时代的发展已经逐渐落伍，没有办法实现让消费者快速下单的目的。而元宇宙营销则不同，它构建了一个虚拟化的场景，能够让消费者在虚拟场景中直观地感受到产品的魅力。

很多企业都将营销场景搬上云端，即让消费者在虚拟世界中购物。例如，阿里巴巴采取 Buy+ 计划，借助 VR、AR、人工智能等技术打造三维虚拟购物场景；华为引入“场景购”解决方案，用 VR 购物场景打造沉浸式消费体验；华伦天奴在天猫上开了一家虚拟旗舰店，帮助消费者在线上浏览实体快闪店并购买心仪的产品；眼镜品牌 GM 将虚拟空间搬到了线上，借助淘宝对其进行展示。

虚拟购物无疑是受欢迎的，但企业要想实现虚拟购物，关键在于搭建一个虚拟空间，并在这个虚拟空间中满足消费者对购物的所有想象。VR 数字孪生云服务商众趣就致力于探索虚拟购物，将 AR、VR、机器视觉等技术融入虚拟购物，为企业做好元宇宙“基建”服务。

众趣旗下有很优秀的空间扫描设备，再加上数字孪生、3D 视觉算法、互联网三维渲染等技术的加持，企业可以借助众趣构建虚拟购物场景，也可以对线下购物场景进行三维立体重建，从而将线下购物环境完整、真实地还原到虚拟世界中。

此外，众趣还能帮助企业在虚拟购物场景中设置购物标签，企业可以借助这个标签向消费者展示产品详情和购买链接。在虚拟购物场景中，企业还可以设置快捷导航，以便让消费者更简单、迅速地浏览不同旗舰店，进一步提升消费者的消费体验。

目前众趣已经与阿里巴巴、华为、红星美凯龙等知名企业展开合作，通过自己的强大技术和工具帮助这些企业构建虚拟购物空间。有了众趣的加持，这些企业可以为消费者提供更优质的服务，而消费者则可以在足不出户的情况下享受到和线下购物几乎没有差别的沉浸式消费体验。未来，众趣将为企业的数字化转型赋能，帮助企业适应智能化的元宇宙时代。

8.2　元宇宙为 IP 营销提供新动能

在营销市场中，IP 营销始终是企业布局营销的重要手段。许多企业都在积极打造 IP 形象与内容，加深品牌与用户的连接。而在元宇宙趋势下，以虚拟形象、数字内容等为主的数字 IP 正在逐渐崛起，元宇宙 IP 营销也因此大获发展。

8.2.1　数字 IP 引爆元宇宙 IP 营销

伴随着元宇宙的爆发，IP 营销的方式也逐渐变得更加数字化、虚拟化，

IP 营销逐渐走向元宇宙。企业 IP 营销中的 IP 可以分为四个部分：故事 IP、形象 IP、品牌 IP、产品 IP，而这四部分 IP 都可以以更加数字化的方式体现，实现传统 IP 向数字 IP 的转变。

企业可以通过打造虚拟数字人，赋予其独特人设并合理运营，使之形成形象 IP，成为企业虚拟代言人。同时，企业也可以通过包装、内容运营等方式强化 IP 属性、植入 IP 故事，让目标客户群与形象 IP 产生关联，再通过促销等手段使目标客户群与 IP 本身产生互动，从而完成虚拟 IP 与目标客户群的联动行为。

例如，在这方面，迪士尼就推出了“TSUM TSUM”粒粒公仔（如图 8-3 所示）。迪士尼是最早受益于 IP 运营的企业之一，也是世界上拥有动画 IP 最多的企业之一，面对优秀辈出的市场，迪士尼也不断努力推新，不断推出周边吸引新一代消费者。

图 8-3 “TSUM TSUM”粒粒公仔

元宇宙融合了多种技术与应用，通过元宇宙整个技术系统，我们可以窥见技术的新发展和将产生怎样的新场景。例如，我们可以知道机器人的深度学习能力可以到什么程度、人工智能的应用在当前是一种怎样的场景等。同时，通过 IP 与元宇宙的结合，我们也可以了解目前的先进技术怎样呈现、与内容结合之后可以产生怎样的 IP，可以产出怎样的产品和消费方式等。

当前，元宇宙与各领域的结合已经形成趋势，在各种新技术与各领域跨界融合的过程中，新的 IP 与消费模式也不断出现。例如，以往，传统的文旅体验往往在室外进行，而在文旅与元宇宙结合后，室外的山川景色可以借助 AR、VR 等转到室内，传统的文旅 IP 也被赋予了更多数字化内容，实现了 IP 内容的延展。

在技术的支持下，全天候的文旅体验和消费将变成现实，旅游不再有淡旺季之分，观光内容也将被变得更加丰富。未来，室内化的元宇宙 IP 营销将变得更加流行。

未来，元宇宙将向着两个方向持续发展，一是元宇宙相关技术将不断迭代，产出更多智能应用；二是元宇宙相关应用场景将不断拓展，向更多领域蔓延。在这一过程中，用主题化的内容打造 IP 将成为趋势。而在 IP 形成之后，其也会衍生出更多内容、衍生出新的 IP 和各类衍生品，给予用户更加丰富的内容体验。

总之，元宇宙 IP 的打造和营销将在未来发展为一个巨大的产业，带来新的消费产品和消费体验，实现规模化的 IP 运作和附加价值的提升。

8.2.2　元宇宙文娱 IP 营销：咪咕音乐推出厂牌“赛博星球”

当前，随着音乐、游戏、动漫等文娱内容数字化程度的加深，文娱内容已经展现出现实内容与虚拟内容融合的趋势。而元宇宙则为文娱内容带来了更大的发挥空间，虚拟场景、元宇宙文娱 IP 等的应用逐渐增多。

在元宇宙未爆发之前，凭借自身在 5G、虚拟技术等方面的优势，咪咕音乐已经在云演艺、沉浸式互动方面做出了诸多尝试，主要表现在三个方面。

（1）多视角直播技术展现多样内容。用户可以通过主舞台视角、VR 爱豆同台视角、竖屏视角、采访视角等角度，同屏观看音乐活动的实况直播。

（2）黑科技智能技术提升内容体验。咪咕音乐在云演艺方面具有诸多“黑科技”，如 AR 技术、数字全息技术等，能够实现更加自然的虚实交融。

（3）提供多样玩法。为了提升音乐内容对于用户的吸引力，咪咕音乐为用户提供了多样的玩法，如“云观众 +C 位应援席”、实时连线等多种交互玩法，将“看 + 玩 + 社交”紧密融合在一起。

在咪咕音乐进行以上尝试时，市场中出现了多样的元宇宙音乐场景。例如，在游戏《堡垒之夜》上，美国音乐小天后 A 妹、说唱歌手 Travis Scott（特拉维斯·斯科特）等都以虚拟化身举办了虚拟演唱会；说唱歌手 The Weeknd 也以虚拟化身在 TikTok 中举办了一场虚拟演出。这些都体现出了元宇宙音乐场景的实现离不开虚拟化身的支持。基于这一需求，不少企业开始打造自己的虚拟化身和虚拟 IP，探索音乐元宇宙。

在市场风口下，咪咕音乐以音乐元宇宙为切入点，宣布将孵化数智达人形象，并构建云演艺厂牌“赛博星球”。该厂牌的重要方向之一就是聚焦“数智达人”IP 打造，开创云演艺 IP 新形态。

2021 年 12 月，在动感地带·第十五届音乐盛典咪咕汇会场上，咪咕音乐旗下的音乐数智达人“R.I.M. 瑞米”正式亮相。R.I.M. 瑞米是一名热爱音乐、体育的阳光男孩，具有拟真、精致的外貌，可用于短视频、动画等多种场景。

同时，R.I.M. 瑞米还具有一个特殊的身份——“视频彩铃 M 启明星”。成功开创了元宇宙中视频彩铃的入口。未来，R.I.M. 瑞米还将与音乐、国风、体育等元素紧密融合，用多样的视频彩铃连接虚拟与现实。

除了数智达人外，“赛博星球”厂牌还将从虚拟舞台、线上交互等方面出发，打造拟真的虚拟云演艺空间，为用户带来多维时空的沉浸式内容和实时交互体验。

8.2.3 元宇宙文旅 IP 营销：共创 IP“数字地标”发布

当前，在新冠肺炎疫情之下，文旅产业受到了很大的冲击，而元宇宙将极大地赋能文旅产业，使元宇宙文旅营销成为现实。

2022 年 4 月，我国成功发布了第一个文旅元宇宙共创 IP“数字地标”，展示了元宇宙营销与文旅结合的新奇玩法。“数字地标”IP 由数字文化共创社区“造浪元宇宙”发起，属于数字 IP 的共创活动，将在未来联合各大文博景区，以发布数字艺术品的方式共创“数字地标”IP。

目前，“数字地标”IP 已经获得了诸多文博景区的响应，如中国港口博物馆、河南安阳殷墟景区、敦煌文旅玉门关景区等。同时，中国华夏文化遗产基金会文旅发展专项基金、技术支持方超块链等代表也参加了“数字地标”IP 的发布会。

“造浪元宇宙”表示，其旨在通过挖掘具有代表性和文化底蕴的风景名胜，通过二次创作开发数字艺术品，并进一步转化为元宇宙的基建。“数字地标”IP 建立的初衷为希望每一个数字地标不仅能够被收藏，还能够转化为元宇宙基建，从数字到实体深度链接地标背后的旅游产业和文旅电商，引领数字化艺术创造浪潮，最终推动实体经济发展。

为鼓励用户共创，“造浪元宇宙”首期将发行 10000 枚数字地标纪念徽章，并将其赠予为文博数字化发展做出贡献的共创用户。未来计划推出浪仔数字潮玩，深入发展数字地标的共创，推动文旅行业的发展。

同时，在发布会上，参加发布会的各文博景区代表也纷纷表示了对共创“数字地标”IP 的看好。从发展战略来看，“数字地标”IP 与各文博景区数字化的发展趋势相契合，而“数字地标”IP 的共创能够借数字 IP 的势能，加速各文博景区风景与文化的传播。同时，各文博景区通过加入共创“数字地标”IP 计划，可以打造出多样的数字艺术品，让凝聚历史的文物“活”起来，让更多人，尤其是年轻人感受到历史文化的魅力。

“数字地标”IP 的共创无疑为元宇宙文旅营销提供了新的契机，未来，将有更多的文博景区加入这一 IP 的共创中，文旅行业也可能会产生多样的元宇宙联合营销活动。而这一模式不仅将在文旅行业得到发展，也可能会延伸到更多领域，实现更多领域的元宇宙联合营销。

8.3 众品牌动作不断，探路元宇宙营销

品牌的嗅觉比普通人要更加敏锐，他们很早就意识到了元宇宙营销的价值所在。并为此做出了许多努力，希望通过自己在元宇宙营销领域的布局，在未来激烈的市场竞争中能够拥有一席之地。

8.3.1 花西子：推出养成型品牌 IP

Z 世代作为当代消费者群体中的领军群体，更愿意与前卫、时髦的品牌打交道。这样不仅可以购买到自己心仪的产品，还能够满足自己彰显个性的心理需求。实际上，众多企业推出自己品牌的虚拟代言人就是希望能够通过虚拟代言人这一新鲜事物，带动品牌与年轻消费者群体之间的互动。

例如，本土彩妆品牌花西子就推出了一位同名虚拟数字员工“花西子”，并宣布其将作为自身品牌的形象代言人。除了是品牌形象代言人以外，花西子还是一位优秀员工，花西子可以和人们聊天，为前来咨询的人们提供具有针对性的美妆建议。同时，花西子也积极切入直播带货赛道，除了与自家主播合作以外，花西子还和外界主播携手引爆产品销量。

而谈到花西子的未来发展时，花西子品牌企业表示，花西子在当前以及未来很长的一段时间内都将处于长久的学习成长阶段，并将不断地完善自身功能和性格。未来花西子如何发展是由粉丝决定的。由此可以看出，花西子品牌将花西子设定成一位“养成型”的虚拟偶像，会基于用户的需求进化成长。而作为肩负宣传中国妆容使命的虚拟数字人，花西子也将向世界更好地展示东方美。

对于企业而言，虚拟代言人可以发挥多方面的优势，助力企业营销，主要表现在三个方面，如图 8-4 所示。

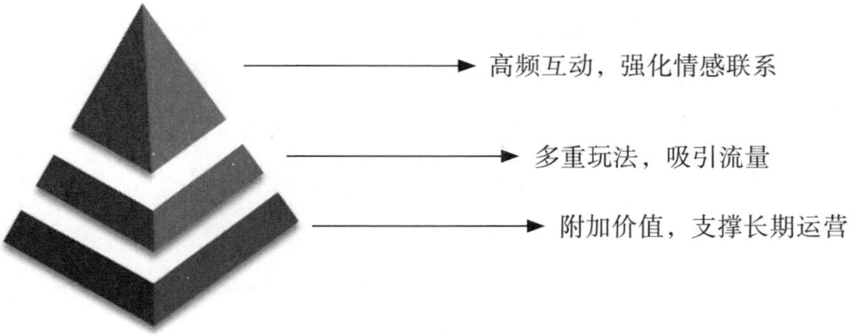

图 8-4　虚拟代言人的优势

1. 高频互动，强化情感联系

无论是在线下店内还是线上直播间中，虚拟代言人都更加注重用户的参与度和自由度。通过与用户互动，能够持续地输出内容，从而拉近品牌与用户的距离，让用户产生强烈的代入感，与之产生情感联系。

2. 多重玩法，吸引流量

虚拟代言人增加了品牌营销的方式，根据用户的特点，能够推出更多符合他们喜好的内容，用他们喜欢的方式刷新其对品牌的认知。

3. 附加价值，支撑长期运营

虚拟代言人可以与 AI 助手结合，推出线上服务或某种功能性产品，向用户强化虚拟形象，帮助品牌占领用户心智。

8.3.2　安慕希：以数字藏品解锁元宇宙营销新玩法

元宇宙对各品牌的赋能无疑会带来巨大的效益，创新性与多样性成为各大品牌吸引消费者的绝佳属性。对于品牌而言，传统的“酒香不怕巷子深”已经不再适用于当今时代，每家品牌都拥有自己的专属“酒香”，如果不能抢占先机，让消费者先闻到自家的“酒香”，就很难在竞争中获得优势。

安慕希在 2021 年相继推出了两款数字酸奶，率先解锁了元宇宙品牌营销新玩法。首先，安慕希抓住了虚拟数字人这一元宇宙新风口，与天猫超级品牌日的代理人 AYAYI 进行了一场跨次元合作，推出了一款根据用户大数据反馈定制而成的数字酸奶，宣称这款酸奶能够更懂用户所需。此款产品一经推出，便迅速引爆了各大网络平台，很多年轻消费者表示这款产品看起来很神秘，也引起了他们对安慕希这个品牌的兴趣。

其次，安慕希推出了“反诈数字酸奶”这一新产品。元宇宙作为一个新兴领域，有很多“小白”涉足其中。为了更好地向元宇宙“小白”讲解相关知识，安慕希以“辨别元宇宙诈骗套路，提防虚拟世界骗术”为主题，进行了一场别开生面的反诈宣传。

安慕希先是推出了《调虎离山》《雁过拔毛》《猴子捞月》三个讲述元宇宙反诈宣传动画小短片，然后为了配合此次宣传，安慕希推出了限量 20 000 份的数字藏品酸奶，消费者可以通过安慕希的公众号后台领取。这是首款反诈骗主题酸奶，每一款瓶身都有其对应的反诈标语，同时还有对应的编号，这些编号是反诈酸奶上链的证明，有效保证了藏品的真实性与唯一性。

在安慕希的此次营销活动中，安慕希不仅抓住了时事热点，还重点关注了年轻消费者所担心的元宇宙隐私、财产安全问题，迅速激起了年轻消费者的热议，同时又树立起了一个具有高度责任感的品牌形象，可谓一举多得。

8.3.3 Forever21：将品牌旗舰店开进元宇宙

沙盒游戏平台 Roblox 可谓是游戏元宇宙的雏形，很多品牌都曾与它展开过元宇宙领域的相关合作。例如快消时尚品牌 Forever 21 就曾携手 Roblox，在其平台上推出了一个虚拟购物城玩法，这种玩法的实际目的是进行品牌营销。

Forever 21 将在 Roblox 中创建虚拟购物城，而玩家可以成为其中虚拟商店的经营者。玩家可以获得一个玻璃商店，使用 Future Scape（未来世界）、Eco-Urban（生态城市）等不同的建筑主题装扮商店，还可以布置各种家具、艺术品等，打造商店的特色。每完成一项任务，玩家都会获得相应的积分。Forever 21 购物城的中心坐落着 Forever 21 旗舰店，玩家可以在旗舰店中以积分购买家具或商品。

在虚拟商店运营的过程中，玩家需要雇用一个 NPC 团队为商店工作，同时需要布置货架或模特等。和现实世界中的店主一样，玩家需要不时地处理店铺订单、补充店铺库存等。

在 Roblox 中创建好虚拟购物城之后，Forever 21 在现实世界中发布新品时也会在虚拟世界里发布新的虚拟商品，并在 Forever 21 购物城中出售，如图 8-5 所示。

图 8-5　Forever 21 在 Roblox 中的虚拟商品

在元宇宙火热发展的趋势下，Forever 21 看到了新的营销机会，通过同步发布实体商品和虚拟商品的方式创新了企业的营收途径。这也展示了元宇宙营销的一种新模式：企业可以在虚拟世界中创建虚拟商店，通过发布虚拟商品的方式增收。

或许元宇宙从萌芽到成熟还有很长的路要走，但不论元宇宙何时到来，其在发展的过程中，都会对整个营销环境产生越来越深远的影响。未来，将有更多的品牌在更多的元宇宙应用中推出虚拟商品，虚拟营销也将成为更多企业的必修课。

8.4 入局机会解析：找准不同切入点

元宇宙对营销行业的赋能是全方位、全流程的。正确的营销战略会选择最恰当的技术方法，在合适的时机打造一场最夺人眼球的营销盛宴。品牌会聚焦消费者最感兴趣的领域，着重打造个性化、定制化的体验场景，通过不同切入点，布局元宇宙营销细分赛道。

8.4.1 虚拟主播直播带货，打造营销亮点

互联网的进步带动了电商行业的火爆发展，无论是坐拥千万粉丝的大网红，还是籍籍无名的素人，都可以通过电商直播带货。如今，虚拟数字人也加入了这一战场，随着技术的不断成熟与进步，虚拟数字人主播成为电商直播的重要力量。

2020 年 5 月 1 日，淘宝直播间被二次元粉丝的弹幕刷屏。知名虚拟偶像洛天依来到淘宝直播间，作为虚拟主播推销美的、欧舒丹等品牌产品，引发了众多粉丝的关注。整个直播过程中，直播间在线观看人数一度突破 270 万，约 200 万人进行了打赏互动。

为什么洛天依直播带货能够引发众人关注？在二次元世界，洛天依是当之无愧的明星。这位灰发、绿瞳、腰间系着中国结的虚拟偶像由上海禾念推出，一经问世就获得了大批粉丝的喜爱。在 B 站控股上海禾念后，洛天依成为 B 站的“当家花旦”，举办了多场全息演唱会、参加了多家电视台的活动，影响力不断提升。

随着洛天依的出圈，其商业价值愈加凸显。不仅演唱会门票分秒售罄，

产品代言和直播带货的能力也不容小觑。正因如此，洛天依开始走进品牌带货的直播间，以自己的影响力促进产品销售。

除了洛天依外，当前越来越多的虚拟主播开始走进电商直播间。抖音知名动画 IP“我是不白吃”“一禅小和尚”等都开始了直播带货，通过“真人 + 虚拟 IP ”的方式引爆销量。这些虚拟主播的带货能力不输真人明星，丰富了电商直播的内容，开启了直播带货的新模式。

除了虚拟偶像、虚拟 IP 等与品牌合作进行直播带货外，一些品牌也开始孵化自家虚拟主播，通过“真人主播 + 虚拟主播”的方式形成全天候不间断的直播。例如，自然堂就推出了虚拟主播“堂小美”。她不仅可以专业、流畅地介绍不同产品的信息，还可以自然地和观众互动，如和刚进直播间的观众打招呼、根据观众评论的关键字做出相应的答复等。此外，在介绍产品的过程中，“堂小美”还会提醒观众使用优惠券、购物津贴等，十分贴心。

电商直播没有白天和夜晚的时间限制，同时，不同的时间段都可能会有消费者走进直播间。为了提高消费者的购物体验，很多品牌都引入了虚拟主播，开启了“真人主播 + 虚拟主播”的双主播模式。

虚拟主播作为真人主播的补充，能够和真人主播进行交替直播，填补真人主播下播的空档，实现全天候直播。这使得无论消费者什么时候进入直播间，都会有主播为其讲解产品、介绍优惠规则。同时，虚拟主播还能够丰富直播内容，让消费者以另一种方式了解产品，提高品牌的科技感、新潮感，为消费者提供全新的购物体验。可以预见，在虚拟主播的加持下，品牌全天候直播将成为常态。

以上虚拟主播直播带货的实践展示了企业入局这一领域的多样的方式。首先，企业可以选择与洛天依、初音未来等知名虚拟 IP 合作，邀请其作为直播间的嘉宾开启直播带货。其次，如果企业旗下已经有了一些知名的动画 IP、短视频 IP 等，可以依据其主角形象打造虚拟主播，在实现直播带货的同时还能够实现自有 IP 的延伸。最后，如果企业旗下没有知名 IP，也可以与魔珐科技、相芯科技等虚拟数字人解决方案提供商合作，打造自己专属的虚拟主播。

虚拟主播的引入或打造在初期将会加重企业的营销成本，但从营销效果来看，以知名虚拟 IP 作为虚拟主播可以借 IP 的影响力，大大提升营销效果，而打造自有虚拟主播也可以补充真人主播下播的空档，实现全天候的直播销售。以长远的眼光来看，虚拟主播将在企业品牌与产品营销中持续发挥作用，助力企业销量增长。

8.4.2 借助虚拟技术，开展沉浸式营销活动

对于消费者来说，很多营销活动都缺少他们想要了解的关键信息。例如某零食品牌的广告是请一位演员拿着零食摆了几个姿势，一直强调零食好吃，却始终不说出零食究竟是什么味道、用的是什么原料。这种类型的广告很难为品牌带来长久的收益。而如果借助虚拟技术，开展沉浸式营销活动，问题将迎刃而解。

2022 年 6 月，厚工坊酒业召开了“厚工坊品牌战略升级暨新陈酿系列虚拟发布会”，此次虚拟发布会以“让优质酱酒走进生活”为主题，融入了元宇宙，打破了空间与地域的限制。

厚工坊采取创新、有趣的传播方式，打造了一场以元宇宙为核心的视觉盛宴。与此同时，厚工坊引入 VR、AR 等虚拟技术。搭建了一个虚拟场景，让人们享受到沉浸式的直播体验。在虚拟发布会上，虚拟数字品鉴官“厚今朝”以国风少女般的打扮惊艳亮相，虽然她的出场时间并不长，但依然很好地串联起了整个流程，与嘉宾之间的互动对话也是可圈可点。

新浪、网易、腾讯、南方周末等主流媒体，以及厚工坊官方平台都直播了此次虚拟发布会，观看人数高达 115 万。此次虚拟发布会极具创造性和创新性，例如，将场地搬到虚拟空间、厚今朝作为虚拟主持人与嘉宾互动等，可谓是开启了跨次元的奇妙之旅。

除了厚工坊以外，顾家家居也召开了虚拟发布会，用极具颠覆性的虚拟场景传达产品理念。在虚拟发布会现场，梦立方床垫正式亮相，工作人

员借助虚拟交互技术，为人们沉浸式地还原了床垫的应用场景，也让人们身临其境般地感受了床垫的高品质。

通过厚工坊和顾家家居的案例不难看出，多场景无缝转换、科技感十足、可以自由设计的虚拟发布会的确很优秀，也受到企业的欢迎。对于企业来说，虚拟发布会不仅可以为品牌形象赋能，推动品牌形象进一步升级，也可以借助先进技术对产品进行全方位展示，让人们获得沉浸式的满足感，从而使产品吸引更多消费者的关注。

在激烈的营销市场中，创意与个性化成为品牌营销的刚需，而融合虚拟数字人、虚拟场景的虚拟发布会活动，能够为观众带来远超传统营销活动的沉浸式互动体验，体现出极强的创新性和品牌差异性。同时，这种新型营销模式也能够帮助企业建立与消费者的多维连接，深化消费者的品牌认知。

对于许多企业而言，打造虚拟发布会离不开虚拟技术解决方案的支持。在这方面，企业可以选择与网易瑶台、世优科技等虚拟技术解决方案提供商合作，借助其完善的沉浸式系统举办虚拟营销活动。

以世优科技为例，依托先进的实时虚拟数字人技术、虚拟演播室技术等，其能够完成多种虚拟场景的制作，满足企业打造虚拟 IP、召开虚拟发布会、进行虚拟直播等多方面的需求，助力企业品牌营销。

借助虚拟技术解决方案提供商的技术支持，企业不仅可以召开虚拟发布会，还可以将节日营销活动、品牌周年庆典等活动搬到虚拟世界中，实现多样的虚拟营销。

8.4.3　聚焦元宇宙用户，推出虚拟产品

营销的目的是实现销售，对于元宇宙中的用户而言，虚拟产品无疑是其消费的主要对象。基于用户的这一需求，企业有必要从虚拟产品入手，尝试打造虚拟产品。

加密艺术家 Fewocious 曾与虚拟潮牌 RTFKT Studios 合作，联名推出 3

款 NFT 运动鞋，分别售价 3000 美元、5000 美元和 10000 美元。虽然价格高昂，但这 3 款运动鞋在上架 7 分钟后就被抢购一空。

而虚拟鞋服实际上并不是什么新鲜事，早前 Gucci 为《模拟人生 4》设计的品牌背包和渔夫帽就曾在游戏里风靡一时。虚拟产品的支持者们认为，虚拟产品不仅更持久，也更能够彰显个性。例如著名鞋履品牌 Buffalo London 与数字时尚品牌 The Fabricant 联名打造了 Classic Low 数字厚底鞋，这款鞋子的鞋底燃烧着红色或蓝色的火焰，看起来十分酷炫。该款产品仅限售 100 份，一经发售立即被抢购一空。

数字时尚品牌 The Fabricant 与设计师 Toni Maticevski 合作推出的数字服装也让众多消费者眼前一亮。这款数字服装有着熔化金属一般的外观，上面还有着坚硬的钉子饰品，看起来就像海胆一样，外壳坚硬，内里却十分柔软。该产品一经推出就受到了广泛好评，有不少人称它是科幻级别的服装。

企业可以选择以下两种方式打造虚拟产品。一是不改变自己的原有品牌，而是直接推出虚拟产品，例如与他人联名合作；二是建立一个新的虚拟品牌，专注于推出虚拟产品。当然，在入局过程中，第一种方法的风险显然要小于第二种，企业可以以原有品牌推出虚拟产品获得较好的市场反响之后，再考虑打造全新的虚拟品牌。

第 9 章

元宇宙教育：数字技术推动教育变革

如果说教育的信息化是推动教育变革的量变过程，那么元宇宙所带来的数字技术就是推动教育变革的质变关键因素。元宇宙教育能够通过升级相关技术，革新教育市场，推动教育行业的转型升级。

9.1 技术升级，教学实现虚实交互

如今的教育行业要贯彻落实教育数字化战略，教育行业的数字化转型、智能升级和融合创新将会加速发展进程。元宇宙相关技术的升级所带来的虚实结合教学，将能够从根本实现上述目标。

9.1.1 技术迭代，VR 教育转向元宇宙教育

VR 教育是元宇宙教育的先行者，因为 VR 技术作为支撑元宇宙运行的底层技术之一，本身就具有一定的普适性。对于在互联网时代中成长起来的学生来说，大量的碎片化信息带来的不仅是提升知识储备量的好处，这些真假参半的信息更多地会分散他们有限的精力和注意力，影响他们在课堂中的学习与思考。

对于心智尚未完全发育成熟的未成年人来说，他们无法平衡娱乐与学习，特别是在娱乐形式五花八门的发展对比下，传统的课堂教育愈发显得枯燥、无聊。因此如何将未成年人的注意力聚焦在学业范围内，成了教育未来发展的重要课题。

最朴素的方法莫过于让课堂变得像娱乐游戏一般生动有趣，而一些相关研究也证实了这一点。但是一般的课堂游戏已经不再适用于当代教学，如果能够在课堂教学过程中引入一种低成本、高变化的模式就能够解决这一问题了。因此，VR 教育应运而生。通过引入 VR 设备，课堂中的教学场景和教学内容都会变得极富沉浸感，学生能够无视现实世界中的物理限制，可以体会跨越时空互动的乐趣。简而言之，VR 教育比娱乐游戏更有意思。

例如在未来教学中的中学物理课堂中，每位学生都可以佩戴 VR 眼镜上课。通过虚拟现实技术，学生能够在虚拟世界复刻当年的比萨斜塔实验，可以近距离感受火箭发射时的宇宙速度究竟有多快。课本上的文字叙述与数字公式不再是干巴巴的阐述，而是能够有感官参与的直观体验。

而除了传统的课堂学科教育以外，VR 教育还能够在职业教育和大众科普教育中发挥重要作用。例如需要学习电焊技能的学生就可以通过 VR 一体机设备在虚拟空间中完成自己的学习。如此一来，既能够减少投入成本，还能够保护学生的安全，同时由于虚拟场景与现实场景完全一致，学生还能够在其中亲身体会各种不同的意外状况，在未来的实际操作中实现有效规避。

VR 教育在平衡地区教育资源的问题上也做出了很大贡献。VR 教育能够让各个地区的学生都享受到平等的教育，拥有同样的教学资源。

虽然 VR 教育看似无所不能，能够解决当今教学中的诸多痛点，但是这并不是元宇宙教育的最终形态。随着元宇宙相关产业的发展成熟，元宇宙在教育领域的应用越来越广，它不仅能够让学生享受到沉浸式可交互的教学场景，还能够为教育行业带来新一轮的变革，如图 9-1 所示。

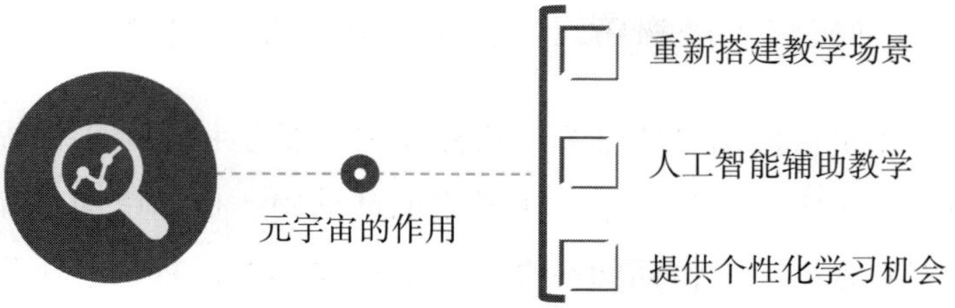

图 9-1　元宇宙在教育领域的作用

1. 重新搭建教学场景

VR 教育的优势在于利用虚拟现实技术实现跨时间、跨空间的沉浸式交互，至于搭建完整的虚实结合教学场景则心有余而力不足。而完整的元宇宙教育应用则是整合了包括多种数字化技术，突破单一虚拟现实技术局限，能够实现现实课堂与元宇宙教学场景的虚实结合，重建元宇宙教学场景。

元宇宙教学场景能够实现环境与人之间的互动。例如学生在元宇宙教学场景中交互过的物体都能够记录学生的数据，作为日后学生学习的记录。

2. 人工智能辅助教学

随着元宇宙与教育领域融合得越来越深入，人工智能在其中吸收了大量教育领域知识，能够进一步提高学生的学习体验质量。对于一些学习过程中的常规性问题，人工智能都能够予以解答，老师则可以针对性地解答学生的个性化问题。而且由于人工智能内置学习功能，它与学生互动越多，所掌握的知识也越多，也越能够适应不同的教学风格和教学场景，由一个辅助型角色逐渐成为教学常规性角色。

3. 提供个性化学习机会

元宇宙相关技术包括虚拟现实技术、增强现实技术、混合现实技术、大数据、区块链等多种数字化技术，能够为学生提供不同的教学场景与教学工具。学生能够由原来的被动接受知识的角色转变为主动学习甚至主动创造知识的角色，更有利于开发学生的不同天赋。

9.1.2 师生进入虚拟场景，教学走向虚拟化

教育与元宇宙的结合所带来的必然结果是教学将逐渐走向虚拟化。很多学校都将元宇宙相关技术融入了日常的活动中，例如中国传媒大学、加州大学伯克利分校在疫情期间举办的线上毕业典礼，每位毕业生都有自己的虚拟形象，在虚拟世界中的学校参加自己的毕业典礼。

而从教学活动场景来说，元宇宙教育应用的范围则更加广阔。例如，在化学课堂中，很多老师在讲到“氧原子的电子排列”等干货知识时，往往通过 PPT 的形式向学生进行展示，学生很难对着一张图片产生深刻的记忆。而在元宇宙中，抽象的理论描述和枯燥的图片展示将变成生动、立体的结构，更便于学生记忆。

传统的学校实验室受限于资金和场地，很难满足所有有实验需求的学生使用。例如在中学化学实验教学过程中，浓硫酸、浓盐酸、氯气等对人体有很大影响，学生操作稍有不慎，就会危害到自身生命安全。同时，某些化学原材料的价格十分昂贵，比如在需要用到钻石的实验中，学校不可能为每位学生提供一颗钻石，而在元宇宙中搭建出的虚拟教学场景则可以很好地解决这些问题。

通过 VR/AR 等技术，整个实验教学场景都可以在元宇宙中重新搭建出来，学生既可以亲自动手进行实验，又能够充分保证自身安全，同时学校也节约了大量场地成本和原材料成本。

不仅如此，元宇宙教学场景不仅包括了现实教学中的场景，使原本枯燥、平面化的教学场景变得有趣、立体化，还包括了展望未来的全新教学场景，例如太空场景、海洋场景等，同时还能够模拟多种场景突发情况。

在元宇宙中的学习与现实世界中的课堂学习有很大区别。在现实课堂中，老师是知识的传递者，学生是被动的知识接收者。而在线上教育中，老师是知识的传递者，学生是学习的参与者，可以通过自己的账号在一个中心化的教育平台学习，虽然相比课堂教学提升了部分自由性，但是学习进度和学习内容依然是统一的。

但是在元宇宙教学场景当中，学生不仅是学习的参与者，更是学习的创作者，学生可以在虚实结合的元宇宙教学场景中尽情发挥自己的创造力，在原有的知识基础上进行二次加工，或者开辟出属于自己的一条道路。同时，元宇宙中的学习自由性非常高，学生可以选择自己的虚拟形象，可以在家里上课、在海岛上上课、在飞机中上课，只要学生想，就可以随意选择。

此外，人工智能老师能够解答常识性的学习问题，这样很多学生都可以在统一的学习进度之上进行个性化的深度学习，研究自己感兴趣的领域。老师也更有精力针对每一个学生设计个性化的辅导方案。

9.2 教育市场革新，教育元宇宙成为趋势

元宇宙最终会赋能所有行业和领域，虽然目前限于技术的发展，元宇宙不能实现全行业覆盖，但是在教育领域的应用却早已经开始。无论是学科教育还是科普教育，元宇宙都将为其提供革新的动力，教育元宇宙是未来教育发展的大趋势。

9.2.1 元宇宙融入教育的四个层次

教育元宇宙具备元宇宙的基本特征：交互性和沉浸性。得益于 VR/AR、3D 全息投影技术发展的虚拟仿真场景为师生在教学活动中提供了各种拟真的教学资源。而依托于人工智能、大数据、云计算等技术打造的设施则让真实人类可以以虚拟形象在元宇宙中实现虚实互动，增强教学的可感性。

教育元宇宙的四个层次如图 9–2 所示。

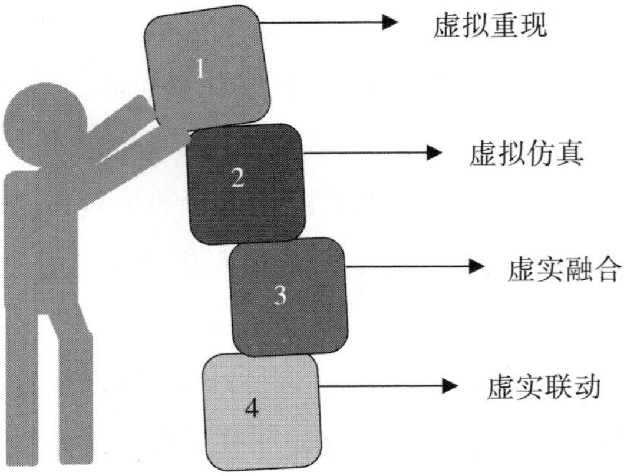

图 9-2　教育元宇宙的四个层次

1. 虚拟重现

元宇宙中所搭建的教育场景主要功能是育人，所以其场景中的一切都要为这一功能服务。VR 和全景视频拍摄技术能够重现现实世界中的教学环境。例如使用全景拍摄重现学校教室场景、校园景观，或者重建自然世界中的风景、名胜古迹等。而采用 VR 直播的方式，能够以多角度展示博物馆、展览馆、科技馆等馆中藏品，让学生以多种不同的角度近距离观察这些藏品，获取沉浸式教学体验。

2. 虚拟仿真

虚拟仿真是模拟现实世界中人类的视觉、听觉、嗅觉、味觉、触觉的感官，进而让学生能够响应虚拟世界中的教学活动，无论是进行小组合作还是自主研究，都能够与周围的教学环境实现沉浸式互动。

例如，印度的某所大学曾举办了一场虚拟现实毕业典礼。通过 VR 头盔、手柄等设备，每位毕业生都化身为自己的虚拟形象，从校长的虚拟形象中接过自己的学位证书，并与之微笑合影。

学生能够将自己的所思所想在重构的教学空间中转化为具体的操作。例如，医学专业的学生可以利用这项功能亲自体会到做手术的感觉，能够改变手术室灯光、器具等教具的位置，还可以与周围的同学进行互动。

3. 虚实融合

数字孪生技术能够高精度地复原校园场景、课堂教学场景以及一切能够出现在现实世界中的场景和物体，生成沉浸式虚拟教学环境，实现虚拟世界与现实世界的融合。例如化学、物理等学科可以通过虚拟教学资源定位，能够将所需场景与工具及教室关联起来，方便师生在课堂教学中随时调用。

4. 虚实联动

在人工智能、物联网、区块链等先进数字化技术的支持下，师生可在虚拟世界与现实世界之间实现教学、学习、研究等活动的转换。虚拟世界与现实世界之间的界限逐渐模糊，现实身份与虚拟身份的转换逐渐自然，能够实现两个世界之间的无缝对接。

9.2.2　学科教育：提供超级沉浸的虚拟学习社区

在学科教育领域中，元宇宙相关技术为师生创建了一个超越原始课堂的沉浸式虚拟学习社区，让老师在其中可以更自由地制订教学计划，不用担心会受到教学场地与教学工具的限制，学生能够以享受的心态去拥抱知识，知识的掌握程度也会更加牢固。

例如在英语学科教育当中，很多学生的卷面成绩很高，但口语能力却相形见绌。对于这些学生来说，没有英语口语应用的场景、没有英语口语练习的对象是造成这一问题的主要原因。而元宇宙的出现则解决了这一问题，在元宇宙当中可以根据实际需要创建多种符合需求的英语口语应用场景，学生可以与各种练习对象进行交互，英语口语能力自然也会随之提高。

2022 年年初，北京师范大学“VR/AR+ 教育”实验室与清华大学附属小学达成战略合作，携手举办了一系列极具科技感的语言学习活动。双方通过 AR 应用程序打造了一个虚拟学习环境，小学生们可以在英语课上观察太阳、地球等物体，并进行英语对话学习。在参加活动的过程中，小学生们可以获得沉浸式体验，还能在寓教于乐中掌握更多英语知识。

在沉浸式英语教育方面，Hodoo Labs 也是一个很经典的案例。Hodoo Labs 是一个以英语教育为主要目的的虚拟学习社区，有了这个社区，学生就可以在多个虚拟村庄中自由旅行，并在此过程中与虚拟角色进行英语对话，从而更迅速地提升自己的英语能力。

无独有偶，Virbela 也以元宇宙为基础建立了虚拟校园。在虚拟校园中，教师可以向学生展示文档、为学生播放视频、与学生一起装饰学习空间等。而学生则可以在虚拟自习室里自习，或者到会议室参加会议及在线课程，从而形成强烈的文化意识。

为了提升学生的学习效果，美国达文波特大学借助 Virbela 打造了一个极具个性的虚拟校园“Davenport Global”。“Davenport Global”追求真实的课堂文化，为学生提供互动礼堂、私人自习室、社交活动、学习互助小组等功能，希望让学生获得极致的归属感。

上文提到的北京师范大学“VR/AR+ 教育”实验室、Hodoo Labs、Virbela 都是元宇宙教育方面的实操案例，学生和教师都从中获得了非常不错的学习体验。但需要注意的是，目前元宇宙教育尚处于发展阶段，其实现需要多方团结在一起共同发力。

未来当元宇宙教育越来越成熟时，教育生态、教育文化将出现变革与创新，再加上 VR、AR、数字孪生、云计算、人工智能、大数据、物联网等技术的飞速发展，元宇宙教育会更快落地，使整个教育行业向更灵活、更智能、更个性的方向前进。

9.2.3 科普教育：打造安全教育沉浸式场景

科普教育是教育体系中应用最为广泛的领域之一，不管是学生还是老师都要定期接受科普教育，更多地掌握科普知识。

传统的科普教育形式多为图文讲解，由专业人员以演讲或 PPT 展示的形式为学生进行讲解，但是这种纸上谈兵的形式缺乏沉浸性和互动性，导致很多学生虽然听懂了应该怎样做，但到了实际操作过程中却依旧手足无措。而利用元宇宙进行科普则可以解决这些问题。

元宇宙能够赋予用户一个虚拟形象并提供沉浸式的可交互场景，其与教育相结合能够创造出科普教育所需的新场景。未来，将会有更多的科普教育在元宇宙中完成，科普教育将突破时空限制，以更实用的方式出现在大家视野中。

例如，为了提高学生的安全意识，很多学校都会组织学生进行火灾、地震等安全演练。

演练前，学校会制订详细的活动方案，并向学生讲解逃生技巧和注意事项等。演练时，警报响起的同时，各班同学使用正确的逃生技巧有序撤离到安全地带。随后老师们统计人数并汇报，学校依据学生的表现评判此次演习的效果。

这样的演习在当前的教育中十分常见，也能够起到一定的教育效果。但缺乏真实感的训练场景也会降低学生的投入感与参与感，无法让学生获得真实的火灾或地震逃生体验。

而将演习场景转移到元宇宙中后，可以在虚拟世界里模拟火灾或地震场景，并制造各种情况。在拟真的环境中，以虚拟形象沉浸在虚拟场景中的学生可以感受浓烟、火光、地面的震动等，从而有真实的紧迫感，也会更加认真地听从老师的指挥，安全撤离。这种真实的逃生体验不仅可以更高效地训练学生的逃生能力，还会提高学生的安全防范意识。

某小学就通过 VR、AR 技术，进行了一次地震、火灾的逃生演练。这次演练采用 3D 立体展示技术以及人机交互的操作模式，使学生们切身体会到灾难来临时的危机感，并在逃生关键处给予一定提示，使之更好地记住逃生要点。这种全景实操互动体验的安全科普为生活在安稳环境下的孩子上了很好的一课。

纸上得来终觉浅，绝知此事要躬行。元宇宙时代的安全科普通过 VR、AR 技术，真实还原火灾、地震现场，加之惊险刺激的求生互助情节，使体验者在体验过程中学到切实有用的逃生知识，并且在求生过程中学习到随机应变的技巧。例如地震时需要什么物资，火灾发生时什么情况下可以跳窗逃生，什么情况必须等待救援。

9.3 入局机会解析：拆解教学多环节

元宇宙入局教育行业，将教学过程拆解为多个环节，重构了“人、物、场”三大模块。不管是聚焦产品研发，重构教学工具与场景，还是聚焦在线教育，重构教学主体与形式，都是元宇宙入局教育行业的一次有益尝试。目前很多科研机构都与高校联合推出了元宇宙教学试点，力图打造完整的元宇宙教育体系。

9.3.1 聚焦产品研发，打造沉浸式教学设备和系统

在传统的课堂教学中，很多学生都常常因为课本的无聊而放飞思绪，神游太空。在他们看来，枯燥的课堂远比不上脑海中的想象世界有趣。而未来的元宇宙教育，将把他们脑海中的想象世界变为可交互的现实，让这些身处教室的学生也能够遨游太空、攀爬珠穆朗玛峰、潜水大西洋。这种听起来不可思议的梦幻场景，如今已经有企业制造出了它的雏形。

联想最近推出了一款能够连接虚拟世界和现实世界，并且能够为用户带来沉浸式可交互体验的未来黑板 HoloBoard。借助沉浸式投影、增强现实渲染、实时动作捕捉等先进技术，HoloBoard 可以实现教学场景中各种虚实结合的互动，并在此过程中形成了很多特别之处。

1. 裸眼全息与三维互动

与其他虚拟课堂相比，HoloBoard 不需要大型设备支持，教师和学生在裸眼的情况下就可以获得沉浸式学习体验，而且还可以开展虚实结合的互动活动。在这个过程中，原本枯燥的课程变得更生动有趣，学生的学习积极性也都可以被调动起来。

此外，教师还可以借助 HoloBoard 进行三维建模。例如，在向学生演示微观原子世界时，教师只要用手轻微按压屏幕，HoloBoard 就可以根据按压的深度建立相应的 3D 原子模型。因为 HoloBoard 引入了弹性触觉反馈技术，所以教师在操作时就像把手伸进真正的微观原子世界中一样，可以产生身临其境般的奇妙体验。

2. 逼真的全息教师

HoloBoard 打造了一个生动、栩栩如生的全息教师，这个全息教师可以被投送到不同教室的屏幕上，就像在学生身边讲课一样。有了 HoloBoard 的全息教师，即使是偏远地区的学生，也可以享受更优质的教育资源。这有利于推动教育的均衡发展，实现教育进步。

3. 数字孪生为学生和教师带来镜像世界

HoloBoard 内嵌数字孪生、人工智能等技术，可以根据物理世界的形态打造一个数字孪生体。在数字孪生体中，教师可以为学生介绍重要知识点，激发学生的学习欲望，让学习更长时间地保持注意力，从而大幅提高学生的参与度及其学习效果。

HoloBoard 还为学生提供很多极具吸引力的课后互动游戏。例如，一位学生在 HoloBoard 的一侧挥舞控制器，打造一种投掷石块的效果，而另一侧的学生则会觉得这些石块仿佛击中了自己，然后假装受伤，甚至还会通过倒地来获得乐趣。这样的互动游戏很受欢迎，大大激发了学生主动学习的热情和积极性。

想入局元宇宙教育领域的企业可以学习联想的做法，积极研发元宇宙产品，尽力为教师和学生打造可以产生沉浸式教学体验的教学设备和系统。这样可以推动沉浸式智慧教室成为现实，也有利于打造出融合多种教学设备和系统的智慧教室解决方案。

9.3.2　聚焦在线教育，推出虚拟老师

随着计算机和互联网技术的发展与进步，在线教育在教育行业的重要

性也逐渐凸显出来。特别是在2020新冠肺炎疫情开始之后，从小学到大学，众多学校纷纷以线上教学的方式维持教学工作的正常进行。但是传统的线上教学存在着老师无法实时监督学生学习情况与学习质量的问题，同时由于单纯讲课、展示PPT的局限性，学生的学习效率也难以保证。而元宇宙虚拟老师的推出则解决了这一难题。

网易的主要业务之一就是在线教育，在过去的几年中，网易陆续推出了网易公开课、网易云课堂、网易有道词典等多款教育App，为之后打造线上教学体系奠定了一定的技术基础。

网易伏羲实验室是网易旗下专研AI研发与应用的研发部门，AI虚拟数字人便是它的重点研究项目之一。瞄准教育领域，网易伏羲实验室推出了虚拟学伴“可可”。

作为学生学习的贴心小助手，可可可以随时随地陪伴学生学习，为学生答疑解惑。此外，可可还成功走到了线下，创新了虚拟数字人在教育领域的应用。2021年2月，可可在2021年世界移动通信大会上亮相，观众借助智能设备能够实现和可可的面对面交流。同时，网易伏羲实验室围绕各种传统节日推出了“可可小课堂”，观众可以在和可可的互动中学习有关节日的小知识。可可不仅是学生学习的好伙伴，还可以进行科普教学。

网易推出的虚拟学伴“可可”是对虚拟老师的一种尝试，除了聚焦少儿，尝试打造以陪伴和少儿教学为主的虚拟学伴外，企业还可以聚焦学科教育，打造可以普遍应用在日常教学中的虚拟老师。

在这方面，好未来已经推出了T-Sugar方糖3D编辑器，帮助真人老师打造3D虚拟形象，以虚拟形象进行直播教学。该编辑器结合了好未来AI研究院的语音AI、图像AI技术，可以通过建议配置实现3D形象的规模化生产。

除了能够实现3D形象打造外，该编辑器还具有丰富的动作库、表情库，同时支持文本音频演绎录入。老师只需要完成创建模板、选择场景、添加角色、添加音频和文字等一系列操作后，就可以快速生成3D形象教学视频，代替老师完成教学工作。

此外，河南开放大学已经于 2022 年 2 月携手科大讯飞推出了 AI 虚拟老师“河开开”。“河开开”具有拟真的容貌，凭借 AI 运行，能够完成多种教学工作。目前，“河开开”的主要工作是作为主播播报学校的各项工作，未来，借助 AI 的赋能，其将担任老师的虚拟助教，协助老师进行教学工作。

以上对于虚拟老师的诸多实践展现了企业打造虚拟老师的多种可能。聚焦少儿教育，企业可以推出陪伴少儿学习、进行知识科普的虚拟学伴；聚焦学科教育，企业可以借 3D 编辑器帮助老师打造虚拟形象，甚至推出拟真的、完全虚拟的虚拟老师，协助老师进行教学。

这些对于元宇宙教育的探索让我们看到了未来教育的更多可能。或许未来某一天，我们可以在虚拟世界里和 AI 虚拟数字人交朋友，或者在更专业的虚拟老师的指导下学习。甚至，当元宇宙进一步成熟，可以展示更丰富的虚拟场景、产生更智能的虚拟数字人时，我们可以在 AI 虚拟老师的带领下“穿越”到消失的庞贝古城中，探索历史的奥秘，或者飞跃到遥远的太空中，领略宇宙的浩瀚。在元宇宙和虚拟数字人的发展下，一切皆有可能。

9.3.3　与高校合作，打造元宇宙教育试点

高校历来是科研机构与企业喜欢合作的重点单位，因为高校内部的人才众多，并且拥有一定的自主研发能力，能够提供有效的反馈信息与数据。对于元宇宙相关研究机构与企业来说，高校同样是打造元宇宙试点中心的最佳选择对象。

2022 年 3 月，慧科集团与中国教育创新校企联盟、元宇宙教育实验室等机构共同举办了元宇宙点燃教育创新论坛开幕式。在此次开幕式上，慧科集团为了推动元宇宙与教育领域的互相促进与融合而建立的慧科元宇宙教育体验中心正式揭幕。

慧科的目标是打造一个体验中心，让元宇宙相关技术人员和教育一线

人员共同参与其中，推动教育元宇宙的落地，为后续的发展打下基础。

慧科元宇宙教育体验中心占地约700平方米，在其内部利用数字孪生、人机交互、大数据、AI、VR等技术，打造了沉浸式虚拟现实场景和可互动式操作空间，为前来体验的用户带来视觉、听觉、触觉的沉浸式体验。而且为了保证用户在享受乐趣的同时还能够学习到有用的知识技能，该体验中心所展示的内容都是由教育领域的专业人员进行筛选和考察过的内容，并且其内容多种多样，例如艺术、科学、计算机等各个领域均有所涉及。

慧科打造元宇宙教育体验中心的目的在于能够通过教育模式的迭代，提升高校的教学质量，培养出高复合能力、高素养的人才。目前，慧科元宇宙教育体验中心正在积极寻求与高校的合作，希望能在更多学校打造教育元宇宙的试点。

除了慧科外，2022年4月，中科深智也携手北京邮电大学共同成立了元宇宙联合实验室。之后，双方将共同探索XR、AI等技术，推出元宇宙的落地方案。除了元宇宙场景应用外，双方还将携手进行人才培养、专利研发等。为推动实验室的运作，双方将投入大量的研发资源，同时邀请业内知名专家加入实验室，提升实验室的技术实力。

总之，企业与高校合作能够有效提升自身的竞争力。通过与高校合作打造元宇宙试点，企业可以吸纳高校资源，推动新技术、新产品的研发。同时在产品研发完成后，企业也可以在学校中测试产品的成效。最后，双方的合作还可以培养元宇宙领域的高端人才，为企业引入更多人才。

第 10 章

元宇宙城市服务：智能制造与智慧城市成为趋势

元宇宙对千行百业的赋能，本质上是为了更好地改善人们的生活，提升人们的生活质量。人类文明发展所带来的一切科学技术的终极目的都是让人类过上幸福生活。元宇宙的未来主要分为两个发展方向，一个是社交/娱乐方向，另一个则是生活/工业方向。

目前各行各业的企业数字化转型正在如火如荼地进行，智能制造建设加快推进进程，智能工厂成为制造业的主要发展方向。同时，元宇宙也赋予了智慧城市更多可能，除了制造行业外，整个城市都将走向智能化、智慧化。

10.1 技术支撑：数字孪生为元宇宙智慧化建设奠基

数字孪生技术是支撑元宇宙运行的底层技术之一，同时也是应用最为广泛的技术之一。对于制造业来说，数字孪生技术不仅能够在虚拟世界复刻现实世界中的制造生产线，还能够通过虚拟世界中的方案解决现实世界中生产的需求与痛点。此外，数字孪生技术也是搭建智慧城市、实现元宇宙城市服务的重要技术。

10.1.1 数字孪生：在虚拟空间中还原现实场景

数字孪生是一种将现实世界中的事物、场景复刻到虚拟世界中的技术，它所镜像化的并非只是像照片一样的静态场景或事物，而是像录像一样还原整个动态过程。在现实世界中的物体与虚拟世界中的孪生物体之间是相互影响、相互促进的。在虚拟世界中的镜像场景中，人们可以进行任何尝试以得到最终想要的结果。

2020 年 11 月 28 日，第五届世界智能制造大会在南京顺利闭幕。在本次大会上，工业数字孪生技术引起了广泛关注。

工业数字孪生技术是指基于生产线上的真实生产数据，为现实生产过程中的物理对象创造了一个虚拟空间，并将该物理对象的各种属性都 1∶1 还原、投射到虚拟空间当中。工业数字孪生技术实现了现实世界中的工厂与虚拟空间中的工厂的精准映射，二者之间能够以彼此为支撑，使生产过程能够更加科学化、系统化，体现了元宇宙对制造业的赋能。

数字孪生技术在制造业领域主要有三方面用途，如图 10–1 所示。

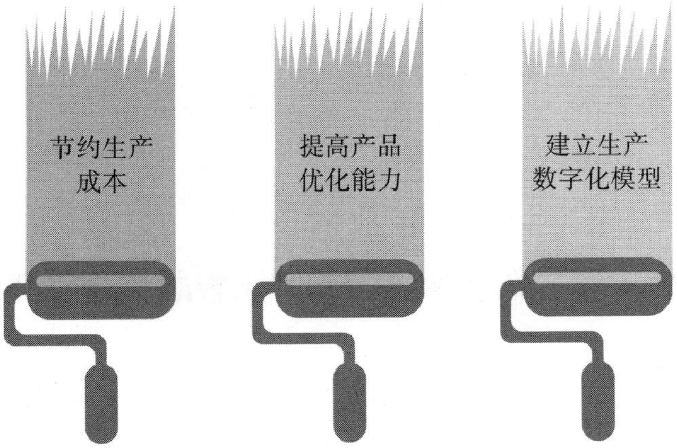

图 10–1　数字孪生技术在制造业领域的作用

1. 节约生产成本

数字孪生技术的镜像能力能够将现实世界的生产过程映射到虚拟空间中，摆脱了现实世界的物理限制，能够以最小成本不限次数调试产品的生产方案，直到找出最佳生产方案，大大节约了生产成本。

2. 提高产品优化能力

数字孪生技术能够将收集来的生产数据效能发挥到最大，例如可以预测产品维护的最佳时间、为生产线监测提供参考数据等，在一定程度上提高了产品的优化能力。

3. 建立生产数字化模型

数字孪生技术能够根据过去生产线上传感器所收集的相关历史数据建立针对不同类型故障的数字模型，让生产线上的相关设备更加智能，以数字化的方案诊断故障。同时，生产数字化模型也能够更好地与财务、业务等部门建立联系，有助于企业管理层进行顶层决策的设计。

除了赋能工业制造外，数字孪生还可以延展到更深层次的应用，助力智慧城市的建设。凭借以虚拟映射现实的特点，数字孪生技术也能够动态、实时地呈现出城市运转的三维场景，实现城市景观、城市管理信息在虚拟空间的展示，并指导现实中城市系统的运作。

在城市管理过程中，数字孪生技术能够融合多种城市信息，打造出一个展现城市运转的虚拟世界。同时，数字孪生系统可以综合分析城市运转数据，通过对大数据的分析，负责人可以为可能发生的问题寻找解决方案。对于未来城市中即将要发生的问题，数字孪生系统也可以通过提前推演、预测，在问题发生前给予预警，并给出可行性建议。

10.1.2　产品设计虚拟化：解决产品与需求痛点

在我国经济发展的过程中，制造业占据着相当重要的地位，仅在 2021 年上半年，全国就建成了 5G+ 工业互联网项目 1 500 余个，惠及 20 多个重要经济增长领域。目前，5G+ 工业互联网正从航空、钢铁、矿业等先导行业向整个制造业扩展。

作为打造 5G+ 工业互联网的重要技术支撑之一，数字孪生技术所构建的虚拟生产场景能够满足产品设计人员在其中查看、分析和管理整个产品设计流程，精准定位设计问题，辅助优化设计资源配置。并且在现实世界的产品设计数据的驱动下，还能够实现设计生产要素、设计活动计划和设计过程等在虚拟空间中的同步运行，助力打造产品设计的最佳方案。

数字孪生技术在产品与用户的交互层面上能够打破时间和空间的限制。

（1）在空间维度上，产品设计人员可以在虚拟空间对虚拟产品进行任意拆解，微观和宏观视角可以自由切换，无须像现实世界中一样需要各种设备进行观察。同时，数字孪生技术还支持单体和聚合性单体的爆炸和透视视图，能够从各个角度查看产品设计的细节。

（2）在时间维度上，数字孪生技术所构建的产品设计场景拥有时间回溯的能力，因为虚拟产品本质上是一份数据的集合体，设计场景也是数据的集合体，所以在设计过程中的所有时间都会被记录下来，保留到虚拟产品当中。如果产品设计人员发现产品中存在某个问题，那么他只需要回溯数据，读取相应时间点的数据，就可以找到设计过程中的问题并修正。

以汽车制造业领域某发动机制造企业为例，该企业计划在某款老式发动机的基础上加以优化，推出性能更加优越的版本，但由于老式发动机的零部件过多，且原来的员工大部分都已退休，拆解工作和研究环节进展得十分缓慢。后来，该企业利用数字孪生技术为其建立了一个虚拟模型，研究进程大大加快，很快便完成了新版本发动机的设计，数字孪生技术为企业研发提供了重要帮助。

不仅如此，数字孪生技术还可以帮助产品设计人员在产品推出之前进行可行性监测，根据测试结果，可以在几个设计方案中迅速找到可行性最大的产品。同时，借助数字孪生技术，制造业企业还能够设计产品排列顺序，为客户提供个性化产品和服务。

10.1.3　制造方案虚拟化：虚拟制造方案指导现实生产

数字孪生技术是元宇宙赋能制造业的主要方法之一。数字孪生技术通过镜像化现实世界制造业生产过程，使人们可以在其中不断地尝试最佳方案，而每一次尝试的失败都不会影响到现实世界中的正常生产，人们可以最小的成本在虚拟世界找到最佳方案，并且将它用于指导现实世界中的生产。

虚拟化的制造方案拥有更广阔的想象力，除了复制现实世界中的制造流程以外，它还能够突破物理限制，提供现实世界中难以实现的制造体验，使虚拟场景与现实场景建立更加紧密的联系。

例如在制造业中，数字孪生技术可以应用 NX（一种集成式解决方案）进行工装等应力应变模拟，使用 MAGMA（一种软件模拟分析技术）进行产品的铸造、充型、凝固等环节模拟，利用 Flexsim（一种虚拟仿真环境）模拟机械运动、物流情况等。以上所有环节都可以通过计算机来实现，并且还能够将生产数据加以收集，用来指导现实世界中的生产方案。

汽车制造企业引用数字孪生技术，建立了一个设计和制造一体的管理平台，通过信息集成技术实现了生产过程的闭环管控。通过智能生产单元和移动终端 App 等实现了生产过程数据反馈，通过设计集成控制系统实现了生产过程数据的闭环反馈和统计分析，并生成新的生产方案，有效提高了该车企的生产效率，降低了其研发和生产成本。

10.2　众企业布局，共建工业元宇宙

工业元宇宙的迭代，是一个循序渐进的过程，它需要大量的人力、物力投入，需要实力雄厚的企业带头牵动，而当前的局面也的确如此，百度、西门子等行业巨头纷纷布局细分赛道，共建工业元宇宙。

10.2.1　推出产业化平台，连接需求与生产

所谓工业产业化平台，是指能够连接用户需求与企业生产两端的开放平台。在该平台上，用户可以与企业自由交换意见，并随时查看生产情况，

企业也可以根据用户意见及时对自己的产品生产流程进行修改，最终达到降低现实世界中的生产成本，提高现实世界中的生产效率的目的。

百度对于元宇宙的产业化应用有着极高的敏感性。百度很早就意识到了元宇宙的重要性，并一直致力于人工智能的研究，在知识图谱、智能语音等领域取得了长足的进展。

2022 年 1 月，百度正式推出 VR 2.0 产业化平台。该平台以百度自研的百度大脑系统为基础，结合智能语音、知识图谱等多项百度自研前沿技术，形成了强大的技术矩阵。

百度 VR 2.0 产业化平台由两大模块构成，分别是 VR 创作平台和 VR 交互平台。

在 VR 创作平台上，百度采用渲染引擎技术，使虚拟内容构建更加顺畅。因为数字孪生技术所构建可视化工业生产场景复杂度极高，需要加载大量的厂区、车间、生产线等三维模型，场景渲染压力很大。同时，工业生产场景中的各种模型文件导出也需要经过减面、贴图烘焙等处理，容易导致部分数据丢失。所以，百度引入预处理流程，在渲染之前就先将渲染层次、业务层次等划分出来，同时通过服务器脚本提取相关工程信息，形成一份标准的场景模型数据，在场景使用时拉取出来，进行底层渲染。

在 VR 交互平台上，百度实现了深度交互。百度 VR 2.0 产业化平台不仅实现了对产品的无缝拆解和分析，还支持俯视、漫游产线排布序列路线图。因为工业园区由车间生产线和厂区建筑构成，彼此之间存在排列和嵌套关系，因此需要漫游、俯视、下潜等各个角度来观察和分析。

由于 VR 2.0 产业化平台的成功，百度顺利进军元宇宙制造业市场，在很多制造业企业中的产品设计、生产、销售等环节均已顺利落地。虽然当前的百度在元宇宙制造业尚处于发展初期阶段，但相信随着不断的钻研，各种新技术的出现和迭代会加速元宇宙与制造产业的融合。

10.2.2　聚焦数字孪生，升级虚拟协作平台

Data Mesh 是一种数据架构平台原则，与其他单体架构原则不同的是，由它构建出的平台是一种高度分散的去中心化数据架构。Data Mesh 的主要理念包括分布式领域驱动的架构（Distributed Domain Driven Architecture）、自助平台设计（Self-serve Platform Design）以及将数据视为产品（Thinking Data as a Product）。

DataMesh Live！是遵循 Data Mesh 所搭建出来的企业级智能混合现实捕捉与展示平台，它能够帮助企业提供数字孪生实时制造画面，实现多人多机位同时协作，不仅如此，对于工具开发、产品升级、合伙企业共享信息等领域来说，DataMesh Live！也在其中有着广泛的应用。

DataMesh Live！的主要功能有以下四种。

（1）DataMesh Live！具有实时数字孪生捕捉功能。对于很多数字孪生工厂来说，为每一位员工配备 MR 设备是不现实的，而 DataMesh Live！可以将 MR 设备中看到的画面以第三方视角实时转播到任意屏幕上，让没有佩戴 MR 设备的员工也可以看到虚拟画面的投射效果。对于制造业中的教学与产品展示来说是很好的工具。

（2）DataMesh Live！支持多设备协同。只要将想要进行协同工作的设备添加到该平台上，并利用平台工具配置好所需应用，就可以实现多用户、多设备之间的协同工作。即使只有一个人佩戴 MR 设备进行操作，其操作画面也可以转播到所有协同工作的用户屏幕上。

（3）DataMesh Live！支持社交分享功能。如果想要向合作企业分享自己的产品内容或项目计划，可以先将想要分享的内容存储在云端或本地，利用存储系统对内容进行快速检索或修改，然后将其发送到不同的设备之中，在这个过程中产生的内容也会被自动保存到云端，以供后续查找或检索使用。

（4）DataMesh Live！具有模拟生产功能。在现实世界的工厂生产中，产品试错要占据很大的成本，而产品从研发到生产再到优化，必然要经过

多次试生产，以此来优化生产计划，提高产品质量。因此，利用数字孪生技术将整条生产线都搬入虚拟协作平台，进行低成本试错已经成了不少制造企业都在使用的方法。DataMesh Live！也通过对不同生产场景的全景模拟实现了这一功能。

广汽本田透明工厂就采用DataMesh Live！数字孪生平台制作交互宣传方案。即使客户不在工厂，工厂的工作人员也能够通过DataMesh Live！为客户介绍汽车是如何制造出来的。客户不仅可以清楚地了解汽车的内部构造，还能够了解广汽本田车间内的协同机制以及先进的生产工艺。在不方便亲临现场的情况下，广汽本田利用DataMesh Live！真正做到了让客户亲临现场，这无疑是巨大的竞争优势，能够显著提升客户的订单成交率。

10.2.3 聚焦平台优势，打造“元工厂”

元工厂即元宇宙中的数字孪生工厂，是现实世界工厂的镜像体。元工厂能够为产品的设计、研发和生产提供最佳环境，显著降低现实世界的生产成本，提高其生产效率。很多车企都开始建设自己的元工厂，并取得了非常不错的成绩。

例如，宝马就打造了全新的“元工厂”里达工厂。里达工厂放弃了传统的流水线生产模式，从精益、数字化、绿色三个方面入手，打造极具特色的“工业元宇宙”。宝马为里达工厂引入了Epic Games虚幻引擎3D创作平台，借助这个平台，员工在里达工厂开业前就已经对自己的工作流程进行了体验与评估，从而使员工更快地熟悉工作。这个平台还让员工实现了跨地域、跨时区的协作，有效克服了身处异地难以及时沟通造成的不利影响。

（1）精益与数字化。里达工厂使用了堆场管理系统，可以对物流场景进行分析和模拟，并进一步加强集装箱管理。该系统可以保证客户准时拿到自己购买的宝马汽车。同时，里达工厂有实时位置跟踪技术，每个零件的走向都会被记录在案，员工只要扫描零件上的二维码即可了解其装配过程，并分析其装配问题。为了提高生产效率，里达工厂还将所有厂区都覆盖了 5G 网络，可以很好地满足元宇宙等相关技术的带宽需求。

（2）绿色。里达工厂采取的是可再生电力供给，并为此购置了 29 万平方米的太阳能电池板。这些太阳能电池板的发电量非常大，相关数据显示，其发出的电量足够让近万个普通家庭使用一整年。而且目前，里达工厂仍然在不断扩大太阳能电池板的面积。

为了实现绿色生产，宝马为里达工厂建设了 7500 平方米的花园和 900 平方米的人工湖。里达工厂自身也会通过海绵城市系统收集雨水，并用这些雨水滋养植物或补充地下水。

里达工厂作为与元宇宙息息相关的"元工厂"，可以被看作宝马布局工业元宇宙的又一里程碑。随着元宇宙越来越成熟，更多"元工厂"会投入使用，它们将打造出高效率的生产线和高质量的产品，进一步推动元宇宙在工业领域的落地，从而引领工业领域的未来。

10.3　入局机会解析：打造元宇宙智慧化方案

在元宇宙城市服务建设的过程中，潜藏着多样的机会，企业可以聚焦其他企业的智能制造需求，提供完善的智造方案，也可以聚焦整体的智慧城市建设，为元宇宙政务的实现添砖加瓦。

10.3.1　打造元宇宙智造方案，提供沉浸式协作空间

元宇宙的主要特征之一就是它的智能性，而打造元宇宙智造方案，为现实世界中的制造企业提供沉浸式的协作空间，助力制造企业提高生产与运营效率。

2021 年，韩国一家机械制造商与高科技公司亮风台达成合作，共同打造了智能巡检 AR 系统。该系统需要配合 AR 眼镜使用，可以帮助相关人

员对各类工程设备进行巡检与维修。有了该系统，即使相关人员身处异地，也可以通过远程技术支援识别故障并给出解决方案。

另外，如果故障比较严重，支援人员可以提前到现场了解情况，然后在现场与维修人员进行远程协作，根据维修人员的指示和要求解决故障。这种做法极大地提高了维修效率，也可以防止因为设备故障而被迫停工，从而影响工程进度，给客户造成严重损失。

除了韩国这家机械制造商以外，宝武钢铁也已引入了亮风台的 AR 系统，使传统的设备运维工作模式得到了创新。之前宝武钢铁的运维人员只可以通过邮件、电话、微信等方式进行协作，而现在随着元宇宙、5G、云计算、大数据、人工智能等技术的发展，运维人员可以佩戴 AR 眼镜做运维工作，并与同事进行高效的远程协作。远程协作过程会被完整地记录下来，从而进一步提升信息交互能力，使身处不同城市的运维人员获得沉浸式协作体验。

元宇宙智造方案的不断完善将推动相关技术在工业领域的应用和发展。在元宇宙时代，全新的“元宇宙 + 工业”模式将会形成，设备故障可预测、设备运维可协作也将成为现实。而且元宇宙还将带动工业领域的全面升级，使该领域实现高水平发展。

10.3.2 聚焦升级需求，协助企业打造数字化工厂

数字化工厂是现代虚拟仿真技术与数字制造技术结合的产物，它具有鲜明的特性。对于基础制造业来说，它是元宇宙时代赋能传统制造企业的源泉，也是沟通产品研发环节与生产环节的主要渠道。

数字化工厂以产品的全生命周期数据为基础，在虚拟场景中，对整个研发、生产流程进行复刻、评估，并且能够进一步扩展到研发设计、生产组装、物流运输、项目管理等全流程应用场景。

1. 研发设计

工厂内的产品研发设计同样以用户为导向，因此数据也是现代工厂必

不可少的一项生产要素。例如根据搜集来的客户数据为每位用户制作用户画像并进行等级分类；依托数据测评分析产品优化的方向和所需原料；提升设计各环节人员的沟通效率等，以此实现产品的创新研发设计。特别是在虚拟空间中，除去传统的 CAD、CAE 等数字化工具以外，VR、AR、3D 全息投影等新技术的应用也大大加快了产品迭代的速度。

2. 生产组装

在数字化工厂内，现实装配工位上的组装序列、组装路径等场景都可以被投射到虚拟空间中进行还原模拟，优化组装环节。在应用组装机器人的环节可以采用人工智能设备进行组装，在员工的工位上可以通过人机工程学分析，使员工能够以更科学、更有效的方式进行组装工作，避免因为效率不高或疲劳等导致组装事故的发生。

3. 物流运输

数字化工厂能够对现实工厂内的仓储物料、物流运输路径、物流人员配置等元素进行还原模拟，能够动态查看在模拟运输过程中的各种情况以及运输过程中产品的指标数据，同时预测在运输路途中可能发生的各种未知情况，及时规避。它能够最直观地呈现工厂的物流仓储状态，优化物流方案，降低物流环节成本。

4. 项目管理

现实工厂中的项目管理包含财务管理、业务管理、客户管理、产品质量管理、仓储物流管理等多个领域。数字化工厂依托数字化工业平台，应用 CRM、ERP、SCM、APS、EOS 等多个数字化管理系统，实现了工厂内部的数字化项目管理。

例如西门子工业软件全球研发中心就是这样的一家数字化工厂，它包含数字化企业能力中心、数字化示范生产线、智能制造实验室、数字化解决方案中心等模块，集成了制造业的众多软硬件新技术，在很多领域都实现了技术的创新与突破。

（1）数字化企业能力中心包括产品设计研发、生产组装、售后服务等多个环节，将数字化工厂的拟真能力发挥到最大，十分重视生产数据，致力于为制造业企业的数字化转型提供解决方案。

（2）数字化示范生产线、示范印章线、示范制药线。展示了在设计研发、生产组装、售后服务等多个环节中，数字化工厂如何助力企业降低生产成本、提高生产效率、把控产品质量。

（3）智能制造实验室是西门子工业软件全球研发中心对外展示的窗口，能够向公众提供相关服务和交流渠道，并且还能够利用实验室的资源与各大高校、企业展开合作与实践。

（4）数字化解决方案中心只面向部分行业开放，为这些行业中的企业提供数字化的解决方案。通过持续不断地整理相关行业的业务流程、业务模板、行业热点、发展前景等内容，数字化解决方案中心为许多企业提供了完善的行业方案，并将会为未来的企业商业应用提供更坚实的支撑。

10.3.3 瞄向智慧城市建设，提供必要技术支持

政府是建设智慧城市的助力，同时智慧城市建设过程中也离不开科技企业的技术支持。在这方面，企业可以凭借自身技术，积极寻求与政府合作，探索元宇宙智慧城市建设中的商机。

2022 年 3 月，开普云“政务元宇宙战略云发布会”成功举办，意味着公司将进军元宇宙，为智慧城市的建设提供技术支持。开普云是一家以数字化技术为优势的高新技术企业，成立至今，其围绕网络多模态建设、推出企业数字化转型等推出了一系列产品和服务，具备元宇宙数字空间内容生产和运营的能力。

在推进智慧城市建设方面，开普云以基础设施为出发点，不断提升自身在打造元宇宙服务中心、元宇宙治理中心等方面的能力。同时，借助这些能力，其将开放多样的产品，在元宇宙政务、元宇宙教育、元宇宙城市治理等方面发挥建设性作用。凭借技术优势，开普云已经和多地的省级、市级政府达成了合作，在数字化政务方面为政府提供技术支持。在具体业务方面，开普云将为政府提供虚拟数字人生成、城市虚拟 IP 运营、沉浸式

政府服务体验等多方面的技术服务。

智慧城市的建设离不开数字化技术的支持，在这方面，企业可以凭借先进的数字化技术，在元宇宙智造、元宇宙文旅、元宇宙教育、元宇宙政务等方面积极寻求与政府的合作，从细分领域入手推动元宇宙智慧城市的建设，做好智慧城市服务升级。

未来，随着更多科技企业的加入和技术的发展，更智慧的城市服务或将出现。例如，政府可以通过数字孪生技术打造镜像城市，进行更加智慧的城市治理；可以以虚拟技术和沉浸式设备增强政府服务的沉浸感；可以以虚拟数字人、虚拟文旅景象等展示城市旅游资源等，逐步完善智慧城市的建设，让元宇宙承载的技术更好地服务于城市人民。

第 11 章

前景展望：挑战与机遇并存

元宇宙是公认的互联网发展的终极形态，也是人类未来理想的生活空间。在元宇宙达到成熟状态之前，它的高速发展必然会引起多个行业迭代升级的变革。元宇宙中存在诸多的新机遇与投资机会，展望元宇宙的发展前景，机遇是无限的，但其中也暗藏着汹涌的暗流旋涡。不管是创业者、投资者还是普通人，都要把握方向顺势而为。

11.1 元宇宙发展前路充满挑战

尽管大部分人都认为元宇宙的前景是光明的，但是也不能忽略在实际的发展过程中存在着各种各样的挑战。俗话说得好，不经历风雨怎能见彩虹。比如数据漏洞、技术瓶颈、信用风险、监管滞后及商业道德等风险等都为元宇宙与传统行业融合，制造了很多不确定性。

11.1.1 海量数据爆发增长，数据泄露风险加剧

在元宇宙中，数据是最重要的生产资源。无论是元宇宙对现实世界中行业的赋能，还是元宇宙中自我构建的各种体系，数据都是其最重要的基

石。人类在元宇宙中生活、生产、互动，本质上都是利用数据创造价值。

作为一个庞大的数据体，元宇宙的发展也面临一个重大挑战，即如何保障数据的安全。很多人都有过这样的经历：在网吧登录网游账号忘记下线了，结果再登录就发现账号的装备被他人清空了。

元宇宙要比网游复杂得多。元宇宙与现实世界互联互通，用户在虚拟世界中有虚拟身份、社会关系、数字创造、数字资产等。这些都价值不菲，甚至关系到用户在现实世界的生活。一旦账号被盗，用户在元宇宙中的数字分身就可能被他人替代，账户里的数字资产也可能分文不剩。

事实上，随着 5G、大数据的飞速发展，数据安全也开始被更多企业所重视。面对更加复杂的网络环境，一些数据安全建设落后的企业也因此付出了沉重的代价。

未来，随着元宇宙的发展，信息安全将面临更多挑战，如更密集的监管、更高的举证责任、更高的违法成本等。对于企业来说，要将数据安全提升到战略层面，提升数据安全建设能力，可以依靠内部的数据安全团队或第三方数据安全公司来避免数据安全风险。对于政府来说，要把控元宇宙发展大方向，继续完善相关法律法规，提高违法成本。

11.1.2　虚拟世界承载力有限，虚实强连通尚需发展

有人反对人类对元宇宙的追求，认为有了元宇宙以后，人们就只会沉迷于虚拟世界，放弃对真实世界的探索与求知。实际上这是一个有失偏颇的看法，元宇宙不可能独立于现实世界存在，它与现实世界也不可能泾渭分明。元宇宙不仅是虚拟世界，更是一个虚实融合的世界。

例如，我们在现实世界有一辆车，在元宇宙中也有一辆车，二者相互映射，这样我们在虚拟世界驾车，现实世界的车也会发动。只不过我们没有在车上，我们可能在家里也可能在公司，但是由于元宇宙的沉浸式体验达到了极致，我们可以感觉到汽车周围的环境变化，谁又能说我们不是在现实世界驾车呢？

所以，当元宇宙与现实世界连接上，虚实结合就实现了。未来会有更多的机器替代人工，很多事不需要我们亲力亲为，不需要我们亲临现场，我们只要通过网络，就可以实现远程操控。但以目前的技术水平，我们还不能实现这样虚拟世界与现实世界的强连通，甚至还需很长时间的摸索和研究，如图 11-1 所示。

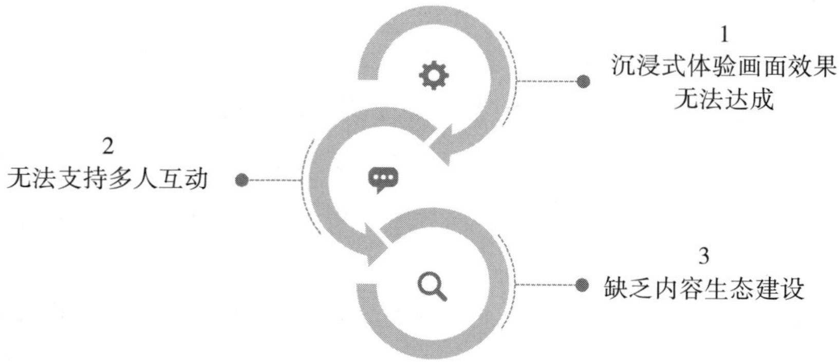

图 11-1　当前的元宇宙限制

1. 沉浸式体验画面效果无法达成

元宇宙极强的沉浸感要求其画面效果能 100% 还原现实世界。目前，以极佳画质著称的游戏《赛博朋克 2077》光制作就耗时 8 年，虽然其画质已经大受好评，但它的画面仍然与 3D 电影存在差距，游戏与电影的画面在每帧的算力上相差数千万倍左右。而元宇宙的画面呈现要远远大于电影画面，可见如果相关技术和硬件没有突破性进展，是无法达到元宇宙要求的。

2. 无法支持多人互动

让所有人进入元宇宙，则意味着元宇宙能支撑起数以千万计，甚至数以亿计的用户同时在线的情况，这对网络服务器来说是一个巨大的考验。以举办一场 10 万人规模的虚拟演唱会为例，用户不仅要能顺畅地听完演唱会，还要能近距离多人语音交互，实时呈现个人动作等。这背后的海量运算和延时等问题，都是目前业界的挑战。

3. 缺乏内容生态建设

或许技术不成熟是元宇宙不能实现的客观原因，但缺乏内容生态建设同样也是不可忽视的原因。市场的壮大需要第三方 UGC 内容创业者们的支持。如果说技术是元宇宙的骨，那么内容就是元宇宙的血肉。只有降低内容的制作成本，提升内容生产效率，才能开辟新应用场景，实现多元化的元宇宙。

元宇宙是未来，而现在正是占据主动权的最佳时机。想要实现虚实融合的新世界，需要整个社会的配合，无论是技术方、内容方还是资本方，都要加快技术研究，找到实现元宇宙的突破口。

11.1.3 治理规则不明，用户权益难以保障

元宇宙作为一个平行于现实世界的虚拟空间，自然要拥有一套适用于元宇宙的治理体系。现实世界中相关的法律法规也要加以完善。因为虽然元宇宙是虚拟世界，但是它同时也是与现实世界紧密结合的世界，所以元宇宙并非法外之地，它需要一套切合实际的法律治理体系，保证元宇宙中每一位用户的合法权益，构建一个秩序井然的元宇宙空间，如图 11-2 所示。

图 11-2 构建有序元宇宙空间

1. 网络安全监管

人们要想实现在元宇宙中生活，就需要对元宇宙开放更多的个人信息，甚至包括生理反应、脑电波数据等，所以网络安全和隐私保护很重要。为了避免不法分子窃取个人信息实行诈骗等犯罪活动，元宇宙中必须有相关部门进行网络安全监管，督促平台方合规运营，保护数据传输的安全。

2. 知识产权保护

元宇宙是一个去中心化的虚拟世界，很多数字内容的价值非常高，所以需要重视对知识产权的保护。除了一些传统的知识产权形式，元宇宙中还会有一些新的知识产权形式需要保护，如开源软件、用户创作内容、虚拟形象等。这些新的知识产权形式为知识产权保护提出了新挑战，在现实的法律系统里，如何对此做出一些规制，这也是我们要研究的课题。

3. 互联网活动规制

因为元宇宙是在互联网基础上建立的，所以元宇宙的业务生态，也要遵循互联网活动的规制，例如，经营互联网游戏或互联网新闻等需要取得专门的许可或备案，相关活动要依法开展。

4. 金融政策

元宇宙内部有独立的经济系统，因此，元宇宙内部的经济活动也要符合相关的法律规定，例如，虚拟资产的交易、继承、纳税等问题。因元宇宙中的利益与现实世界相关，所以现实世界中的一些法律可以直接适用，有些法律则需要结合元宇宙的生态进行修改。

5. 争议解决机制

最后，元宇宙中还要有相关的争议解决机制，以处理元宇宙参与者之间的纠纷。元宇宙可能还要建立执法、司法机构，如元宇宙警察局、元宇宙法院等，惩戒违法者，保护参与者的利益。

想要建立一个和谐、有序的虚拟世界，一个完善治理体系是必不可少的。目前，元宇宙尚处于起步阶段，相关的治理规则还没有跟上，尚需要我们继续探索。

11.2 未来可期：技术迭代推动元宇宙发展

技术始终处于不断的发展与进步当中，而这些技术也将作为支撑元宇宙的底层逻辑，持续不断地推动元宇宙向前发展，使其更加智能、更加成熟，让现在所畅想的美好，在未来一一实现。

11.2.1　XR 技术与多维传感技术融合，沉浸体验增强

XR 并不是一种单一的技术，而是 AR、VR、MR 等多种虚拟现实技术的集合，它也被称为扩展现实技术。扩展现实可以利用计算机、互联网和穿戴设备来实现，实际上它所构建的是一个真实与虚拟世界相融合、人机可交互的沉浸式空间，它的功能也更加全面、更加强大。

多维传感指的是通过设备收集人体产生的多维度变化，例如心率变化、打冷战、毛孔收缩等，将其反馈到相应的设备中，以此对人体进行分析，并判断下一步的动向。这些设备就是多维传感器，目前微软等企业正试图将多维传感技术应用到智能手机或手表当中。

在元宇宙落地的过程中，XR 和多维传感的应用至关重要。XR 被称作未来交互的终极形态，它能够利用计算机技术模拟虚拟环境，为用户带来逼真的视觉效果体验，并且还能够运用多媒体、3D 建模、实时动作追踪等技术，将虚拟世界中的信息进行仿真后投射到真实世界当中，增强真实世界的虚拟感，也增强虚拟世界的真实感。

而多维传感能够将 XR 可交互操作的功能进一步升级，精准捕捉到每一个细微动作，从而为用户带来更真实的交互感觉。例如，处理人体生物电路的多维传感器能够通过分析计算用户血液动力学的值来判断用户当前的情绪以及身体的动作部位，进而在虚拟现实情境中给出进一步的交互反馈。

未来，XR 和多维传感技术能够构建出虚拟现实融合、人机真实交互的沉浸式环境，通过多维传感器让用户在虚拟环境中也拥有视觉、听觉和触觉，并能与环境进行交互，提升虚拟交互的真实感。

11.2.2 网络协议去中心化发展，搭建网络基础

在过去的互联网发展过程中，开放式协议阶段与中心化阶段是两大主流，也是划分传统互联网发展阶段的主要依据。例如谷歌、百度等互联网企业都是中心化平台的构建者。最初的中心化平台能够为用户带来集成便利，但随着中心化程度不断加深，用户的数据隐私、数据安全、真伪数据等问题不断影响着用户。长此以往，互联网市场就将犹如一潭死水，用户人人自危。而在未来，去中心化网络协议将成为主流。

当前互联网广泛应用的是 HTTP 协议，它体现出了中心化的特征，高度集中且脆弱，并不利于元宇宙的搭建。元宇宙形成过程中会产生海量的数据，并且伴随着大量的数据传递，而当下互联网更多的是实现价值的传递，而难以实现价值的流转，在身份认证、价值数据的确权、交易中的隐私保护等方面都存在难以解决的问题。

而在 Web3.0 时期，去中心化网络传输协议将成为主流，搭建起去中心化的网络。其中，IPFS（InterPlanetary File System，星际文件传输网络）就是一个典型的去中心化网络传输协议。

传统的中心化存储难以满足数据的大容量存储，也无法保证数据的安全性。而 IPFS 的去中心化存储功能能够满足元宇宙的数据存储要求，并且，融合区块链特征的 IPFS 还能够实现去中心化的经济结算和记录。此外，借助完备的机制和规则，IPFS 可以通过智能合约对元宇宙中海量数据的运行和变化进行跟踪验证，使元宇宙能够正常有效地运行。

未来，去中心化网络传输协议将发展为元宇宙底层传输协议，满足元宇宙庞大数据传输、存储的要求，为元宇宙的长久发展提供底层支撑。

11.2.3 区块链跨链成为现实，元宇宙场景延伸

区块链，顾名思义，是限制于不同平台与不同场景应用的技术。区块链在设计之初并不互通，每一个区块链都会依据其应用的不同场景拥有不

同的特性，由于不同区块链网络之间的异构化以及它们彼此的封闭性，它们很难实现彼此之间的数据流通与价值转移。

基于这一问题，跨链技术应运而生。跨链指的是通过特定的技术手段，使价值跨过链与链之间的屏障实现交互，助力不同区块链之间的资产流通。

跨链技术是推动区块链大范围落地运用的强力助推剂，更是元宇宙实现大范围扩展的核心技术。凭借跨链技术，不同的区块链网络才能够实现互联，实现价值交换，在保证数据精准性的同时实现价值双向流通的可靠性。

具体而言，跨链的优势主要体现在两个方面。一方面，跨链技术可以突破公链的性能和功能瓶颈。通过跨链技术，将公链中的部分任务转移到侧链或者链下，可以提升区块链网络的性能。同时，在使用某些创新功能时，也可以率先在侧链中进行实验，以保证公链的安全性。另一方面，跨链技术可以实现不同区块链网络间的相互操作。实现跨链支付、去中心化交易所、跨链数据交互等。

当前，已经有一些企业在这方面做出了尝试，实现了数字艺术品的跨链交易。例如，搜云科技就推出了一体化数字艺术品（Integrated Digital Art，简称 IDA）解决方案，解决不同区块链网络间的交易问题。

发行机构可以通过搜云科技旗下的 IP.PUB 数字艺术品登记服务平台，在区块链服务网络中生成与实物相对应的数字凭证。IDA 的数字凭证发行在开放联盟链“文昌链”中，通过实名制方式保证每一个数字艺术品的数字凭证和流转过程清晰可溯源。

当 IDA 进行全球销售时，其数字凭证可以通过文昌链实现跨链传递，实现价值在全球范围内的流转。由此，荣宝斋出品的多幅现代艺术家的限量复制精品得以以 IDA 形式进行发售，首批 IDA 交易额接近 10 万美元。

总之，跨链技术已经成为构建更广泛价值网络的核心技术，也将成为元宇宙产业多场景融合发展的引擎。随着跨链技术的发展，未来将形成多链互联的区块链生态圈，实现除交易外的更多功能，从场景、功能联合方面为元宇宙的发展奠基。在未来万链互联的时代中，各种元宇宙应用也得以从分散走向联合，建立边界更广的元宇宙世界。

11.2.4 AI 助力虚拟数字人智能化发展

AI 是人工智能技术的简称，是互联网技术的集大成者。它是指通过计算机程序编写，让机器显出人的智慧和能力，最主要的是拥有人的学习能力。在元宇宙时代，AI 催生出了新概念——虚拟数字人，这个新概念也让 AI 更贴近普通人的生活。

红杉中国的虚拟数字员工 Hóng 就是非常有代表性的虚拟数字人。Hóng 是一个留着灰棕色短发的女性员工，身上穿着印有红杉中国 LOGO 的短袖衬衫，看起来非常清爽干练，如图 11-3 所示。她信奉“一万小时定律”，对一切充满未知性的事物都有很强的好奇心。

图 11-3　虚拟数字员工 Hóng

Hóng 通过专业学习，已经具备了很多实用功能，如对话引擎、多重交互感官等。她在红杉中国担任的是投资分析师，平时非常关注科技、医疗、消费等领域的投资事件，现在已经可以在一秒钟内阅读上百份商业计划书，并对其中的信息进行提炼和总结。

Hóng 可以和同事正常交流，也可以为被投公司的创始人建立个人档案，并实时追踪创始人的个人成长情况。虽然她的工作能力不差，但薪酬很低，大约是 0.68 元 / 小时。她作为红杉中国的虚拟数字员工，可以帮助红杉中国探索 AI、元宇宙等技术对投资的渗透深度。

其实在推出 Hóng 之前，红杉中国就已经在虚拟数字人赛道布局。例如，2022 年，红杉接连投资了很多致力于元宇宙研发的公司，如心识宇宙、魔珐科技、影眸科技、次世文化等。其中魔珐科技获得了红杉中国的三轮追加投资，目前已经进入独角兽行列。

未来，随着元宇宙的不断进步和落地应用，很可能会出现更多像红杉中国这样关注虚拟数字人的公司。这些公司将积极研发虚拟数字人，推动虚拟数字人与现实世界融合在一起，从而打造一个亦真亦幻的奇妙世界，为人们提供极致的沉浸式体验。

11.2.5　脑机接口提供进入元宇宙的新途径

脑机接口是指利用数据传输设备在人体大脑和外部相关的设备之间建立通信和控制连接。这是一种被所有人公认的人类进入元宇宙的终极方式，它的工作原理是利用大脑中的信号活动增强人体功能，并且激活在元宇宙中的相关活动。

1924 年，德国一位名叫贝格尔的医生在为颅骨受损的病人诊断时，从其头部检测出脑电波。贝格尔也因此被称为“脑电波之父”，脑电图从此诞生。

1973 年，Jacques Vidal 教授第一次提出“脑机接口”这个概念。

1999 年，实验证明大脑皮层神经元群可以直接控制机械手臂，至此，脑机接口就获得了迅猛发展。同年，电影《黑客帝国》引入了脑机接口，即在主角的脑后插线缆，让线缆接管大脑的神经系统。这部电影使虚拟的赛博空间成为现实。

2009 年，电影《阿凡达》借助脑机接口让主角将自己的意识注入身处异处的生物体，并通过意念控制对方。这样主角就可以在另一个世界中获得自由。

2022 年，多家互联网公司如 Meta、Neuralink 等都在积极进行脑机接口研发，一些国际组织也将脑科学作为技术升级的着力点，并发布一系列脑科学研发计划。这些互联网公司和国际组织很好地加速了脑机接口的进步与发展。

目前元宇宙成为热点，脑机接口作为大脑与电脑连接的“桥梁”，也迎来了新一轮发展浪潮。有了“元宇宙 + 脑机接口”模式，人们可以在虚拟世界中随时随地获取信息、开展社交活动，甚至获得味觉、触觉等多种感官的奇妙体验。

例如，在融合了脑机接口与元宇宙的虚拟世界中，人们在触摸一块石头时，可以充分感受到石头的纹路、温度，甚至重量。这意味着，脑机接口与元宇宙打破了现实世界和虚拟世界之间的壁垒，人们可以在虚拟世界中获得与真实世界高度相似的体验。

在这样的虚拟世界中，人们可以真切感受到风的吹拂、雪的寒冷，可以凭借意念进行更加自由的活动。当下，这种虚拟世界体验显得还有些遥远，但在未来，随着脑机接口技术的迭代和应用，更加沉浸、真实的虚拟体验终将实现。

11.3 元宇宙终局：沉浸式数字生态形成

由于当前技术的不完全成熟，元宇宙只能分批次、分领域地落地。但随着元宇宙应用场景的蔓延，元宇宙各平台将从分散走向统一，最终实现整体落地，实现对全人类社会的赋能。2022 年 9 月，在上海世界人工智能大会上，关注人工智能与元宇宙的相促相融趋势成为讨论与关注的重点。有关人士表示，未来 5 年，中国元宇宙市场至少要突破 2000 亿元大关。

11.3.1　应用场景蔓延，遍及生活各方面

互联网始终处于不断发展与前进之中，从最初只能进行简单计算，到如今足不出户就可以实现实时联络，互联网一直在向更高层次发展。根据相关预测，未来，人工智能、大数据等互联网技术将会逐渐结合，发展为更加完整、更加多样化的元宇宙体系。

元宇宙将会是开放性与封闭性的完美融合，未来可能会存在头部平台但不会一家独大，就像 iOS 和安卓可以共存一样，这种平衡可能是自愿追求的，也可能是被政府强制要求的。因此，未来的元宇宙极有可能是一个开放与封闭共存的体系，大平台与小平台相互嵌套，小平台有机会膨胀，大平台有机会整合小平台，不同风格、不同领域的平台组成了更大的平台。人们的生活方式、生产模式、组织形式等会因此被重构。这个新出现的虚拟世界会成为第二个超级市场，除了一些早早入局的巨头公司，新的创业公司也将在细分领域百花齐放。

在这样的发展趋势下，元宇宙会逐渐赋能所有行业，人们能享受到越来越多的虚拟服务，开启智能生活，如表 11–1 所示。

表 11-1　各个领域的元宇宙化

游戏	游戏制作和发布环境虚拟化	金融	金融产品多元化，如 DFT 的应用
会展	虚拟会展布置、虚拟会议组织等	教育	VR/AR/MR 等技术的全面应用，教具更加丰富
商业服务	通过虚拟中介进行房屋交易	零售	在虚拟商场进行消费
体育	虚实共生的健身活动	广告	在元宇宙中制作、发布、代理广告
娱乐	在虚拟场景和朋友娱乐、唱歌等	旅游	在虚拟世界体验旅游活动

如表 11-1 所示，在各个领域的元宇宙化中，主要是经济体系、沉浸感、社交关系的改变，越来越多只能在现实世界中享受的服务，在虚拟世界中也能享受了。

一方面，元宇宙赋能现实世界多个行业领域，将现有商业模式进行虚拟化创新，推动产业升级，利用新技术开发出新商业模式、新客户和新市场。例如，利用区块链技术打破原有身份区隔，建立新的经济系统。

另一方面，现实世界的各个行业领域与元宇宙融合发展，释放新的活力。一些发展空间遭遇瓶颈、缺乏资源、周期性明显、轻资产等行业可能会找到新的发展路径，再次走入大众视野，挽救生存危机。

11.3.2　平台从孤立走向联合，搭建超级场景

元宇宙是一个能够自己运行的超现实虚拟世界，但这并不意味着元宇宙与现实世界是完全对立的。元宇宙与现实世界互相融合，没有明确的界限，它是一个永久存在的稳定生活空间，现实中的人类可以通过自己独一无二的虚拟形象在其中生产、生活、创造价值。

元宇宙是互联网发展到终极阶段的新出口，万物在其中皆可互联互通。受到当前技术的限制，元宇宙当前只能分批次、分平台落地，例如游戏元宇宙、办公元宇宙、教育元宇宙等，都是元宇宙在不同行业、不同领域的落地形式。

同时，虽然当前各领域已经出现了一些元宇宙平台，如元宇宙社交平台、元宇宙游戏平台、元宇宙教育平台等，但各平台间是孤立的。用户无法用同一数字身份登录多个平台，同时不同平台中的数字资产也无法相互流通。在当前这种模式下，难以搭建起范围更加扩展的元宇宙世界。但在未来，随着技术的发展，最终这些多元化平台间的壁垒将被打通，走向联合，元宇宙将搭建起一个超级场景，囊括现实世界中所有领域与行业，并催生出很多现实中没有的新行业和新岗位。

因为虽然这些形态不一的元宇宙平台外表看起来是多元化的、个性化

的，但支撑它们运行的底层逻辑技术是一样的，都是基于 VR、AR、人工智能等数字化技术，通过对现实世界的还原和复刻，建立与现实世界双向互动的通道，并且基于各种去中心化协议来构建自身的社会生态体系。

而在这些元宇宙平台中，元宇宙还有着自己的一套闭环经济体系，基于区块链加密技术的代币是维持经济体系运行的基础。最初各个平台的区块链由于异构化和封闭性并不互通，导致数据无法互通、流转、产生价值。而后的跨链技术的发展能够使不同区块链之间实现跨链数据互通，即使是不同的区块链也能够进行数据交流，这也为未来的元宇宙平台联合奠定了基础。

11.3.3　四阶段发展，元宇宙逐渐落地

随着相关技术的发展，元宇宙的边界在不断扩张，它所囊括的现实世界领域范围也越来越大。虽然元宇宙当前无法实现完全落地，但是它依旧可以为现实世界中的各种行业和领域赋能，助力这些行业和领域打破发展的“瓶颈”。

元宇宙将经过以下四阶段逐渐落地，如图 11–4 所示。

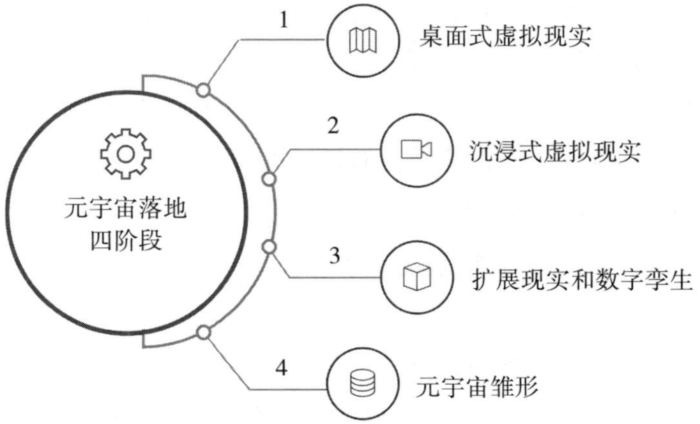

图 11–4　元宇宙落地四阶段

1. 桌面式虚拟现实

Second Life 是一款 3D 虚拟世界游戏，用户在 Second Life 中能够自由创造自己的虚拟形象，并且参加虚拟世界中各种活动，用户所享受到的一切服务都只能在游戏中获得。

在这个阶段，用户与虚拟世界之间的沟通渠道是计算机，由于设备和技术的限制，几乎没有什么沉浸感。但是 Second Life 可以在线上办公、远程社交中发挥很大作用，有不少企业都开通了自己的线上办公账号，2021 年 Second Life 的月平均访问人数超过 1200 万人。

2. 沉浸式虚拟现实

在该阶段，得益于沉浸式技术和人机交互技术的发展，特别是 2016 年后以 Oculus 和 HTC Vive 为代表的 VR 设备得以完善，用户在虚拟世界中所获得的感官刺激终于由上一阶段的被动化、单向化，转变为主动化、双向互动化。

平面的虚拟世界也得以以立体的形象出现在用户视野中，用户在虚拟世界的活动不会再受到现实世界的物理条件约束，沉浸感大大增强。

3. 扩展现实和数字孪生

5G、云计算、人工智能等技术代表着当今时代互联网的探索前沿技术，这些先进的互联网技术与 VR 等技术进一步融合，催生出了扩展现实与数字孪生技术，元宇宙的技术体系初现雏形。

例如 5G 的高速率、大带宽和低时延等特性能够将物理意义上的多个用户或设备瞬时连接，使用户几乎没有任何网络延迟地加入同一个虚拟世界中，彼此之间的交互仿佛在现实世界中一般自然。

得益于 5G 的发展，扩展现实技术实现了由现实到虚拟再到虚实融合空间的跨越。

数字孪生技术能够将现实世界中的场景镜像到虚拟世界中，二者能够实现彼此连通，虚拟世界与现实世界之间也能够互相影响、彼此融合。

4. 元宇宙雏形

进入元宇宙最理想的方式通过脑机接口或芯片，目前，在脑机接口技术上，人们已经有所突破。脑机接口将彻底打破现实世界与虚拟世界之间的壁垒，届时用户可以使用意念操控虚拟世界中的自己，自由地在虚拟世界中进行各种交互。而脑机接口也可以将虚拟世界中的感官体验通过大脑信号活动传达给现实世界中的用户，这样现实世界中的用户也能够获得相同的感官体验。

总之，元宇宙将在逐步的发展中不断扩展边界，给予用户更加沉浸的生活体验。当前，用户已经可以通过 VR 等设备进入虚拟世界，获得一种沉浸式体验，而在未来，伴随着元宇宙的延伸和技术升级，元宇宙提供的体验也将进一步升级。

一方面，世界与现实世界的界限会变得越来越模糊。当前，凭借数字孪生、3D 引擎等技术，超写实的虚拟场景的搭建已经成为现实，未来，这种超写实场景将实现广泛落地，空间宏大的超写实拟真场景将会实现。同时，借助裸眼 3D、全息技术等，现实世界将实现更广范围的虚拟化。现实世界中，真实场景与虚拟场景将自然融合，而虚拟世界也可以实现高度的拟真，虚拟世界与现实世界之间的界限将不断模糊。

另一方面，伴随着移动通信技术、虚拟现实技术的迭代，更加轻量化、智能化的可穿戴设备将成为现实。当前市场中的 VR 设备、AR 眼镜等将变得越来越轻便，甚至脑机接口、贴于皮肤上的微型传感器等都可能将在未来成为主流，极大地变革用户进入元宇宙的方式，给予用户更加自然的交互体验。

从应用场景来看，当前元宇宙已经在文娱、文旅、营销等多个领域落地，未来，元宇宙的应用场景将进一步扩展，不仅将实现更多领域的全面覆盖，还将蔓延到社会生活的方方面面，深刻变革人们的生活方式与社会生产方式。元宇宙也将在长期发展中不断延展边界、产出更加丰富的内容，逐渐形成多元化的社区。在未来的元宇宙中，虚拟的智慧城市将有望成为现实，而以虚拟化身存在的用户可以在其中自由地进行学习、工作、内容创作、交友娱乐等，以虚拟身份开启精彩的第二人生。

附录　元宇宙应用图景

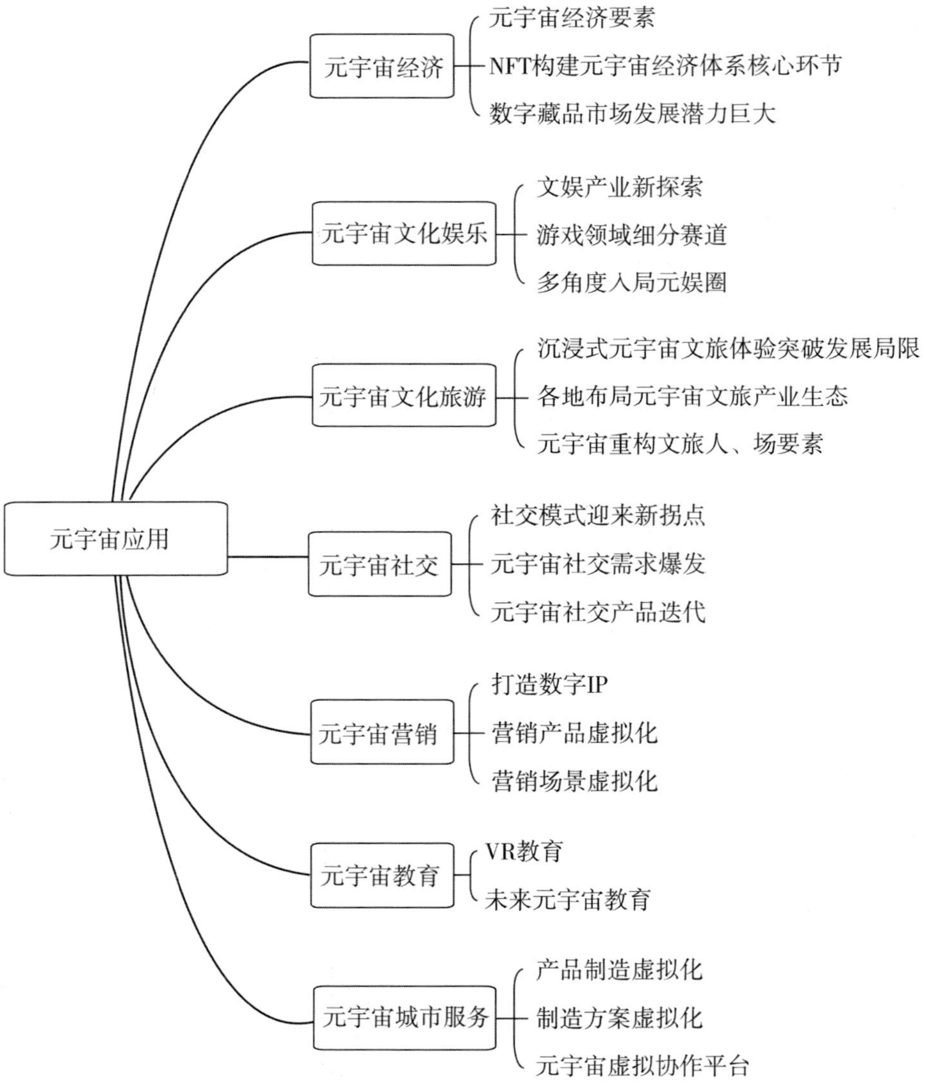
元宇宙应用
元宇宙经济
元宇宙经济要素
NFT构建元宇宙经济体系核心环节
数字藏品市场发展潜力巨大
元宇宙文化娱乐
文娱产业新探索
游戏领域细分赛道
多角度入局元娱圈
元宇宙文化旅游
沉浸式元宇宙文旅体验突破发展局限
各地布局元宇宙文旅产业生态
元宇宙重构文旅人、场要素
元宇宙社交
社交模式迎来新拐点
元宇宙社交需求爆发
元宇宙社交产品迭代
元宇宙营销
打造数字IP
营销产品虚拟化
营销场景虚拟化
元宇宙教育
VR教育
未来元宇宙教育
元宇宙城市服务
产品制造虚拟化
制造方案虚拟化
元宇宙虚拟协作平台